INFORMATION
HANDBOOK
for NEW EMPLOYEES

新入社員 **情報ハンドブック**

新入社員情報ハンドブック

※本書に掲載しているURL・電話番号等は、2021年9月現在のものです。

会社概要（1）

*あなたの会社の概要を記入しよう。

社　　　名	
代　表　者	
所　在　地	
設　　立 年　月　日	年　　　　月　　　　日
営　業　種　目	
資　本　金	円
電　話	FAX
ホームページ	
沿 革	

会社概要（2）

役員構成		
従業員構成		

生産状況	主　要　製　品　名	生　産　実　績	
		数　量	金　額
		個	千円

支店・工場	
関係会社	

主要商品一覧	・ ・ ・ ・ ・ ・

会社概要（３）

	主要資材名	平均１カ月使用量		備　考
		数　　量	金　　額	
仕			千円	
入	計			
	主な仕入先			

	主要製品名	平均１カ月売上高		備　考
		数　　量	金　　額	
販			千円	
売	計			
	主な販売先			

営業状況業界での地位	
	- - - - - - - - - - - - - - - - - - - -
	- - - - - - - - - - - - - - - - - - - -
	- - - - - - - - - - - - - - - - - - - -

所在地図	N

社是・社訓・経営理念・経営方針

＊社是・社訓などを記入しよう。

▼社　是

▼社　訓

▼経営理念

▼経営方針

業界とわが社

*業界とあなたの会社を知ろう。

業界データ	現況			
	企業数		市場規模	
	企業別ランク	①		
		②		
		③		
	商品別ランク	①		
		②		
		③		
自社データ	現況			
	売上高		業界での地位	
	市場シェア			

January 睦月 **1**

1	元日
2	
3	筥崎宮玉取祭（福岡）
4	
5	
6	消防出初式（東京）
7	七草
8	初薬師／鳥越神社とんど焼き（東京）
9	
10	110番の日／十日えびす
11	鏡開き
12	
13	
14	仙台どんと祭（宮城）
15	小正月
16	やぶ入り
17	防災とボランティアの日
18	初観音
19	
20	二十日正月
21	初大師
22	
23	
24	巣鴨とげぬき地蔵尊例大祭（東京）
25	初天神
26	文化財防火デー
27	
28	初不動
29	
30	
31	

※成人の日：1月の第2月曜日

9

February 如月 **2**

1	
2	
3	春日大社節分万燈籠(奈良)
4	
5	
6	新宮神倉神社御燈祭（和歌山）
7	北方領土の日
8	こと始め
9	
10	
11	**建国記念の日／橿原神宮紀元祭(奈良)**
12	
13	
14	バレンタインデー
15	横手かまくら(〜16日／秋田)
16	
17	伊勢神宮祈年祭(〜23日／三重)
18	
19	
20	
21	
22	
23	**天皇誕生日**
24	
25	北野天満宮梅花祭(京都)
26	
27	
28	
(29)	

March　　　　弥生　　　3

1	春の全国火災予防運動(〜7日)
2	
3	ひな祭り／耳の日
4	
5	
6	
7	消防記念日
8	国際女性デー
9	鹿島神宮祭頭祭(茨城)
10	
11	
12	東大寺二月堂修二会お水取り(奈良)
13	春日大社春日祭(奈良)
14	ホワイトデー
15	
16	
17	
18	
19	
20	上野動物園開園記念日(東京)
21	
22	法隆寺お会式(奈良)／放送記念日
23	世界気象デー
24	
25	電気記念日／薬師寺花会式(修二会)(〜31日／奈良)
26	
27	
28	
29	
30	
31	

※春分の日：春分日

April   卯月   **4**

1	エイプリルフール
2	
3	
4	秩父神社御田植祭(埼玉)
5	
6	春の全国交通安全運動(〜15日)
7	世界保健デー
8	花まつり
9	
10	平野神社桜花祭(京都)
11	メートル法公布記念日
12	世界宇宙飛行の日
13	
14	
15	
16	
17	
18	発明の日
19	
20	
21	靖国神社春季例大祭(〜23日/東京)
22	
23	サン・ジョルディの日
24	
25	
26	
27	開港記念日(長崎)
28	
29	**昭和の日**
30	

May 皇月 **5**

1	メーデー
2	東大寺聖武天皇祭(奈良)
3	**憲法記念日**／博多どんたく(〜4日／福岡)
4	**みどりの日**
5	こどもの日／端午
6	
7	
8	世界赤十字デー
9	
10	愛鳥週間(〜16日)
11	長良川鵜飼開き(岐阜)
12	看護の日
13	
14	出雲大社例祭(島根)
15	沖縄本土復帰記念日／葵祭(京都)
16	
17	日光東照宮例大祭(栃木)
18	
19	唐招提寺うちわまき(奈良)／三国祭(〜21日／福井)
20	
21	
22	
23	
24	巣鴨とげぬき地蔵尊例大祭(東京)
25	鶴岡天神祭(山形)
26	
27	
28	
29	
30	消費者の日
31	世界禁煙デー

June　　　水無月　　6

1	気象記念日／写真の日
2	横浜港開港記念日
3	
4	歯と口の健康週間（〜10日）
5	世界環境デー
6	
7	
8	
9	
10	時の記念日
11	
12	
13	
14	住吉大社御田植神事（大阪）
15	
16	
17	
18	海外移住の日
19	
20	鞍馬寺竹伐り会式（京都）
21	
22	
23	オリンピックデー
24	
25	
26	国連憲章調印記念日
27	
28	貿易記念日
29	
30	

July 文月 **7**

1	全国安全週間(〜7日)
2	ユネスコ加盟記念日
3	
4	米国独立記念日
5	
6	入谷朝顔市(〜8日／東京)
7	七夕
8	
9	浅草寺四万六千日・ほおずき市(〜10日／東京)
10	
11	
12	
13	日本標準時制定記念日
14	熊野那智の扇祭り(和歌山)
15	
16	虹の日
17	八坂神社祇園祭前祭山鉾巡行(京都)
18	
19	
20	
21	
22	
23	文月ふみの日
24	八坂神社祇園祭後祭山鉾巡行(京都)
25	かき氷の日
26	
27	
28	
29	
30	梅干の日
31	

※海の日：7月の第3月曜日

August 葉月 **8**

1	諏訪大社御船祭(長野)
2	ねぶた祭(〜7日／青森)
3	竿燈まつり(〜6日／秋田)
4	
5	花笠まつり(〜7日／山形)
6	広島原爆の日／仙台七夕まつり(〜8日／宮城)
7	鼻の日
8	
9	長崎原爆の日／よさこい祭り(〜12日／高知)
10	
11	山の日
12	阿波おどり(〜15日／徳島)
13	
14	春日大社中元万燈籠(〜15日／奈良)／平戸のジャンガラ(〜18日／長崎)
15	終戦の日
16	五山送り火(京都)
17	
18	
19	花輪ばやし(〜20日／秋田)
20	
21	
22	
23	
24	
25	
26	吉田の火祭り(〜27日／山梨)／三河一色大提灯まつり(〜27日／愛知)
27	
28	
29	文化財保護法施行記念日
30	
31	

September 長月 9

1	防災の日
2	敦賀まつり(～15日／福井)
3	
4	
5	石炭の日
6	
7	
8	
9	重陽／救急の日
10	屋外広告の日
11	
12	宇宙の日
13	世界の法の日
14	
15	
16	鶴岡八幡宮流鏑馬神事(神奈川)
17	
18	
19	
20	動物愛護週間(～26日)／空の日
21	秋の全国交通安全運動(～30日)
22	
23	
24	結核予防週間(～30日)／巣鴨とげぬき地蔵尊例大祭(東京)
25	
26	
27	
28	プライバシーデー
29	
30	

※敬老の日：9月の第3月曜日 ※秋分の日：秋分日

October 神無月 **10**

1	法の日／全国労働衛生週間(～7日)
2	
3	
4	
5	
6	国際協力の日
7	長崎くんち(～9日)
8	
9	世界郵便デー／金刀比羅宮例大祭(～11日／香川)
10	目の愛護デー
11	
12	海神社海上安全渡御祭(兵庫)
13	
14	鉄道の日／灘のけんか祭り(～15日／兵庫)
15	新聞週間(～21日)／伊勢神宮神嘗祭(～25日／三重)
16	世界食料デー
17	貯蓄の日
18	統計の日
19	
20	
21	
22	時代祭(京都)／鞍馬の火祭(京都)
23	電信電話記念日
24	国連デー
25	
26	原子力の日
27	読書週間(～11月9日)
28	速記記念日
29	
30	
31	ハロウィン

※スポーツの日：10月の第2月曜日

November 霜月 **11**

1	計量記念日／灯台記念日
2	唐津くんち（～4日／佐賀）
3	**文化の日**
4	ユネスコ憲章記念日
5	
6	
7	
8	伏見稲荷大社火焚祭（京都）
9	秋の全国火災予防運動（～15日）／太陽暦採用記念日
10	技能の日
11	世界平和記念日
12	
13	
14	
15	七五三
16	国際寛容デー
17	将棋の日
18	土木の日／もりとふるさとの日
19	
20	世界こどもの日
21	
22	いい夫婦の日
23	**勤労感謝の日**
24	
25	
26	
27	ノーベル賞制定記念日
28	税関記念日
29	
30	

December　師走　**12**

1	映画の日／世界エイズデー
2	
3	
4	人権週間（〜10日）
5	国際ボランティアデー
6	
7	千本釈迦堂大根焚き（〜8日／京都）
8	こと納め／納めの薬師
9	了徳寺大根焚（〜10日／京都）
10	世界人権デー
11	
12	
13	すす払い
14	泉岳寺義士祭（東京）
15	年賀郵便特別取扱い開始
16	
17	浅草羽子板市（〜19日／東京）
18	納めの観音
19	
20	
21	納めの大師
22	
23	
24	クリスマス・イブ
25	クリスマス／終い天神
26	
27	
28	納めの不動
29	
30	
31	大晦日／男鹿のナマハゲ（秋田）

1

会社生活
Q & A

新人時代の心構え

> ４月からいよいよ会社生活。学生生活とどう違うのか、期待の一方で、不安がいっぱいです。

学生個人から組織人に

学生時代は、個々人が１つの単位として生活していました。授業をさぼろうが、仲間とのつきあいを拒否しようが、学校の規則を破ろうが、自分の責任の範囲内ですんだわけですが、会社は秩序立った組織で運営されています。そこには年齢も、思想も、趣味・嗜好もさまざまな老若男女が寄り集まり、それぞれの役割を果たしながら、会社の目的に向かって協力し、努力しているわけです。

組織である以上、規律もあります。昔からの慣習や約束事もあります。学生時代には考えもしなかったルールやマナー、エチケットに戸惑うことがあるかもしれません。たとえばコピー用紙がなくなりかけていたら、後に使う人のことを思って補充するなどのちょっとした心配りが、社内の人間関係を円滑にしてくれます。同時に、組織人である前に社会人であることを意識し、社会のルール・マナーを優先して守ることも大切です。

自ら学ぶ意欲を

学生から組織の一員となった新入社員には、一日でも早く戦力になってほしいとの期待を込めて、様々な研修プログラムや日々のOJTのなかで教育がなされます。社会人・組織人としての心構え、会社の理念や事業内容、仕事の進め方、さらにはビジネスマナー、ビジネス文書の書き方、コミュニケーションスキル、パソコンのスキルなど、会社で働く上での基本的なことを、与えられたこの機会にまずはしっかり学んでください。

その際、自ら学ぶ意欲と目的を持って臨むことが大切です。研修の内容が多くてわけがわからなくなった、いつの間にか終わってしまった、などということのないよう、わからないことはそのままにせず質問してよく理解し、これからの業務に活かしていきましょう。

豆知識 身近な香りの神通力。ジャスミンは高ぶった神経を鎮めエネルギーと自信をもたらし、ユーカリはなんと花粉症に効果的！

しっかりした目標を設定しよう

やっと手にした就職先。でも本当は違う職につきたかった、もっと大きな会社がよかったなど、まだ不満を抱えている人もいるかもしれません。実際、「できれば今の会社で働き続けたい」と考える新入社員の割合は年々減少傾向にあり、入社3年以内の離職が約3割（うち1年以内の離職は1割）を超えるという調査結果もあります。

しかし、「隣の芝生は青い」とも言われます。機会があれば転職も、などとは考えず、まずは、いま会社が取り組んでいること、いま自分に与えられている仕事をもっとよく知り、その中に面白さや興味を見出し、広げていく工夫をしてみてはどうでしょうか。

マイナス面ばかりに気をとられず、自分にとってのプラス面を見つめてみましょう。ものの見方・考え方が変われば行動が変わり、行動が変われば結果も変わるもの。いまの環境で自分を輝かせるよう、はっきりと目標を持ってまい進していきましょう。

働き方の多様化

少子高齢化の進行に伴う労働力不足、育児や介護との両立など働く人のニーズの多様化などを受け、国は施策として「働き方改革」を推進。この一環として、場所や時間にとらわれないテレワークなど多様な就業形態が2019年の法律施行以降、企業に導入されつつありました。「コロナ禍」で、この動きが急激に加速。テレワークが、「Withコロナ・Afterコロナ」時代のニューノーマル（新しい常識）となりつつあり、家で仕事をすることが特別なことではなくなりました。テレワークでは、通勤の必要がなく、時間の使い方も作業の進め方も自分で判断できて、比較的自由度が大きい反面、自己管理がより必要となることを心得ておきましょう。

●テレワークの注意点
- 時間の適切なマネジメントを心がける。
- メールやチャットでの報告・連絡・相談を密にする。
- 情報のセキュリティ対策を徹底する。

豆知識　デスクから立ち上がって迎えてくれる相手は、好意を持ってくれている。心理的距離を縮めようとする行為。

身だしなみの基本

> 身だしなみとして、服装にはどんなところに気をつけたらいいのでしょうか。

男性社員の身だしなみポイント

①スーツ……グレー系・紺系・茶系のベーシックな色・柄のものであれば、改まった席でも通用し、無難。

②ワイシャツ……白を基本に数枚は揃えておきたい。色物・柄物は社風とTPOを考えて。

③ネクタイ……ストライプ・水玉など昔からあるオーソドックスな柄を中心に、流行の柄のものもプラスして十数本用意しておく。スーツとのバランスが大事。

④靴・靴下……靴はスーツと調和したオーソドックスで疲れにくいものを。靴下もスーツ、靴との色彩バランスを考えて選ぶ。

▼出勤前チェックリスト

☐スーツのポケットに物を入れすぎていないか

☐上着の肩にフケが落ちていないか

☐社章はつけているか

☐ズボンはプレスされているか

☐ワイシャツの襟や袖口が汚れていないか

☐ネクタイはまっすぐか

☐靴は磨いてあるか

☐靴下のゴムは緩んでいないか

☐髪の毛にフケが浮いたり、寝癖がついていないか

☐ヒゲは剃ったか。爪は伸びていないか

☐ハンカチ・名刺入れ・財布・手帳などを持ったか

社章は？
フケは？
ネクタイは？
ポケットの中は？
ズボンのプレスは？
靴は？

豆知識　ヒゲが最もよく伸びるのは朝8～10時頃で、夜の約3倍。気になる人は出勤後、10時過ぎにもう一度剃っておけば安心だ。

女性社員の身だしなみポイント

① 服装……制服の有無にかかわらず、露出の多いもの、遊び感覚のものは避け、仕事にふさわしく、清潔感のある服装を。腕や足が動きやすい活動的なデザイン・素材であることも大事。

② 靴・靴下……仕事に適した動きやすいものを。ヒールが細く、高さ5センチ以上のものは避けたほうがよい。色・柄物のストッキングは職場に不向き。肌色・無地のものが無難。

③ アクセサリー……華美なもの、高価なもの、音のするもの、角のとがったものは避け、控えめで、品のいいものをつける。

④ 髪型……前髪が目にかからないように。仕事の邪魔になりそうな場合はピンでとめるか、束ねる。毛染めや脱色は要注意。

⑤ メイク・化粧……素顔はもちろん、けばけばしい派手なメイク、香りのきつい香水や整髪料は職場に向かない。清潔感に配慮し、全体的に健康的なイメージに。爪は切り揃え、マニキュアもネイルアートやつけ爪などによる派手なものは避け、目立たない色（透明もしくは淡いピンクなど）にとどめる。

▼出勤前チェックリスト

☐ ブラウス・上着は汚れたり、ボタンがとれたりしていないか

☐ 上着の肩にフケや抜け毛がついていないか

☐ スカート、パンツはプレスされているか

☐ 下着が見えていないか

☐ ストッキングは伝線してないか

☐ 靴は手入れしてあるか、かかとがすり減っていないか

☐ 髪の手入れは大丈夫か

☐ 化粧が派手すぎないか

☐ 爪は汚れたり、伸びたりしていないか

☐ アクセサリー・香水は控えめか

化粧は？
フケは？
髪は？
爪は？
スカートのプレスは？
ストッキングの伝線は？
靴は？

豆知識	爪は手と足では、手のほうが2〜3倍速く伸びる。手の中では、きき手の人指し指、中指、薬指が速い。

右側縦書き：1 会社生活Q&A

立ち居振舞いの基本

歩き方や座り方などこれまで気にしたことはなかったのですが、やはりマナーがあるのでしょうか。

立つ・歩く・座るなどの立ち居振舞いはマナー・礼儀の第一歩です。美しい立ち居振舞いは見た目の印象がよく、先輩・上司からも好感を持たれます。

立ち姿と歩く姿勢・座る姿勢

▼美しい立ち方は
①背筋を伸ばし、頭と背中が一直線になるように。
②アゴを引き、目線はまっすぐ。
③肩と両腕の力を抜き、両手は5本の指を自然に揃えて、中指がズボンの縫い目にくるように下ろす（女性の場合は前で両手を重ねて指先を軽く揃える）。
④膝を伸ばし、両足を揃えて、重心は足の中央に。

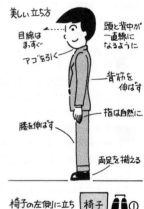

美しい立ち方
目線はまっすぐ
アゴを引く
頭と背中が一直線になるように
背筋を伸ばす
指は自然に
膝を伸ばす
両足を揃える

▼美しい歩き方は
①背筋を伸ばし、目線は水平に。
②膝を曲げずに前へ踏み出し、かかとから着地する。

▼美しい座り方は
①椅子の左側に立ち、左足を一歩踏み出してから、椅子の前に右足、左足の順で揃えて座る。立つときは逆の順序で。
②背筋を伸ばし、ひとこぶし分膝頭をあける（女性は揃える）。
③手は指先を揃え、股の中央に。

椅子の左側に立ち番号順に足をすすめて座る
椅子
①②③

指先を揃えて股の中央に
ひとこぶし分膝頭をあける
背筋を伸ばす

豆知識　日本人があいさつでお辞儀をするのは、3世紀末編さんの『魏志倭人伝』にも載っている古い風習。

お辞儀の仕方

　お辞儀には、同僚などに対する軽い「会釈」、上司や目上の人に対する「普通のお辞儀」、お客様に対する「丁寧なお辞儀」の３つがあります。状況に応じて上手に使い分けましょう。

▼美しいお辞儀の基本

①相手の目をしっかり見る。

②両かかとを揃え、つま先を少し開いて正しい姿勢で立つ。

③指先は軽く揃える。

④上体を棒を倒すように前傾させ、起こしたら再度相手の目を見る。

▼会釈

①上体の前傾は約15度。

②目線は足元から1.5メートルほど先を。

③手は軽く握ってもよい。

▼普通のお辞儀

①上体の前傾は約30度。②目線は足元から50〜60センチ先を。

▼丁寧なお辞儀

①上体の前傾は約45度。②目線は自分のつま先。

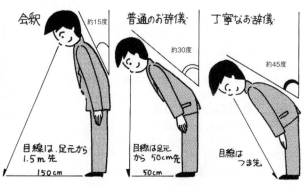

会釈　約15度
目線は、足元から1.5m先
150cm

普通のお辞儀　約30度
目線は足元から50cm先
50cm

丁寧なお辞儀　約45度
目線はつま先

＊近藤珠實著『基本ビジネス・マナー集』より。
「新人時代は意識的に相手よりも頭を下げたほうがよい」との考え方もあり、より深めのお辞儀を心がけてもよい。

> **豆知識**　初対面の人同士を紹介するとき、日本では目下の者から先に紹介するのが普通。欧米では、逆に目上の者から紹介する。

あいさつの基本

> あいさつが苦手で、うまくできる自信がありません。いつ、どういうときに、どんなあいさつをしたらいいのでしょうか。

　人間関係はあいさつから始まります。例えば「おはようございます」と言うことで、相手の存在を認め、また、相手にも自分の存在を認めてもらうことになります。あいさつが苦手だからと黙っていると、よい人間関係を築けません。特に、新人は周りの人に認めてもらうのが大事。明るくハキハキとあいさつしましょう。

あいさつの心得

▼あいさつの基本ポイント

①あいさつは後輩から先に声をかけるもの。新入社員はまず誰よりも先にあいさつしよう。

②あいさつは相手に届かなければ意味がない。相手の距離にあわせた声の大きさで、明るくハキハキとさわやかに。

③学生時代は「どうも」ですべてのあいさつをすませがちだが、言葉は最後までしっかり言おう。例えば、「どうも」→「どうもありがとうございました」、「おはよう」→「おはようございます」、「お先に」→「お先に失礼します」などのように。

④あいさつには必ずお辞儀が伴う。3つのお辞儀(27ページ参照)を使い分けてあいさつを。

⑤名前や肩書きをつけて、あいさつする。例えば、「課長、おはようございます」「鈴木さん、お先に失礼します」のように。

●新入社員の心得3カ条

第1条：早めに出社、笑顔で出迎え
　育ててくれる上司・先輩への礼儀である。

第2条：明るい返事、素早い行動
　「ハイ」と明るく返事し、俊敏な動きで若さとやる気を。

第3条：どんなことでもお役に立とう
　仕事以外のことでも進んでやろう。

豆知識　相手を説得したいときは、50センチまで近寄って話す。遠慮して距離をとると、相手を敬遠していると見なされやすい。

▼あいさつのTPO

日常のあいさつ	朝……「おはようございます」 昼……「こんにちは」 夜……「こんばんは」
外出のあいさつ	自分……「行ってまいります」（黙って出かけると外出したのかどうかわからない） 上司・先輩・同僚……「行ってらっしゃい」（その一言で気持ちよく仕事に出かけられる）
帰社のあいさつ	自分……「ただいま帰りました」（帰ってきたことが職場のみんなにわかるように） 上司・先輩・同僚……「お帰りなさい」（仕事の疲れも吹き飛ぶ）
退社のあいさつ	自分……「お先に失礼します」 上司・先輩・同僚……「お疲れさまでした」 ＊「ご苦労さまでした」は目上から目下に使う言葉。新人の間は使わないこと。
来客・訪問のあいさつ	来客……「いらっしゃいませ」（一般に）、「いつもお世話になっております」（関係先）、「お待ち申し上げておりました」（予約客） 訪問……「はじめまして、××会社（○○課）のAと申します。よろしくお願いいたします」（初対面）、「いつもお世話になっております」「先日はたいへんお世話になりありがとうございました」（再訪問）、「失礼いたします」（帰るとき）
その他のあいさつ	「いただきます」「ちょうだいします」（名刺・書類・資料をもらうとき、食事のとき）、「ごちそうさまでした」（上司・先輩・関係先などからごちそうになったとき）、「ありがとうございます」（感謝を表すとき）、「申し訳ございません」（お詫びのとき）

豆知識 3回以上続けてうなずくのは、心理学的には嘘のサイン。相手からも「信用できないヤツ」と思われやすい。

言葉づかいの基本

> 　自分のことを「僕」と言ったら、先輩から注意されました。どう言ったらいいのでしょうか。

1

会社生活Q&A

　職場には、職場特有の呼称・敬称のルールがあります。といっても、そんなに複雑なものではありません。基本的なことを覚え、臨機応変に使い分けるとよいでしょう。

呼称・敬称のルール

▼自分自身を指す場合

①「僕」は学生用語。「自分」は軍隊用語。「わたくしが思いますに」などのように「わたくし」または「わたし」を使う。

②複数の場合は「わたしども」「わたくしども」と「ども」をつける。「わたくしたち」「僕ら」は不可。

▼自分の会社を指す場合

・「わたくしども」「弊社」。「わたくしどもでは次のように考えております」「弊社の実績は……」といった使い方をする。

▼先方の会社を指す場合

・「○○会社様（御社）のお考えはいかがでしょうか」などと、「○○会社様」「御社」が一般的。

▼話し相手を指す場合

①先輩・同僚には「田中さん、お電話です」と「さん」づけで呼ぶのが基本。

②役職者には「鈴木課長」「山田主任」と役職名をつけて呼ぶか、単に「課長」「主任」と役職名のみが基本。ただし、「課長さん」「主任さん」「鈴木さん」「山田さん」などと「さん」づけが慣例になっている会社や職場では、それに従う。

③社外関係者には「山口様」と「様」をつける。役職名をつけるときも、「山口部長様」とする。

④「あなた」は対等か下位の者に使う呼称なので、使わないほうが無難。特に社外では「○○さん（様）」と名前を呼ぶか、「そちら（様）」「皆さん（様）」とする。「おたく（様）」は避ける。

豆知識　頼みごとをする際、気温や湿度が高い日、満月が近い日ほど断られやすいと言われているので要注意。

▼社内の人を外部の人に話す場合

①「さん」づけはいっさい不要。たとえ上司・先輩でも「課長はただいま席をはずしております」「田中はただいま出張しております」と呼び捨てにする。

②本人が同席中であっても、「課長が申しましたとおり……」「先日田中が伺ったときに……」とあくまで「さん」はつけない。

③ただし、本人の家族に対する場合は、「田中課長」「田中さん」と役職名や「さん」をつけたほうがよい。

▼来客・上司を指す場合

①「方」をつける。例えば「課長、××会社の方がお見えですが……」「田中さん、○○社の鈴木さんという方がお目にかかりたいそうですが……」というように使う。「××会社の人」「あちらの人」「こちらの人」と「人」をつけた呼び方は避けたほうがよい。

②社内で上司を話題にする場合も、例えば「山田部長はゴルフがシングルの腕前らしいよ」「らしいですね。あの方は大学ではゴルフ部だったらしいですよ」と、「方」を使うようにする。

③不明の来客には、「失礼ですが、どちらさまでしょうか」と「どちらさま」を使う。「どなた」「誰」は不可。

▼距離の遠近で第三者を指す場合

①距離の近い人を指す場合は「こちらさま」「こちらの方」。

②距離の遠い人を指す場合は「あちらさま」「あちらの方」。

③中間の距離の人を指す場合は「そちらさま」「そちらの方」。

●気をつけたい言葉づかい

★ネ・サ・ヨ＝「それでネ」「だからサ」「だってヨ」は下品。

★ジャン＝「いいジャン」も下品で聞き苦しい。

★語尾のクセ＝「だからァ、課長はァ、出張中だしィー」と語尾をのばしたり、ブツブツ切った言い方は子供じみている。

★間投詞のクセ＝「あのー」「えーと」などはわずらわしい。

★副詞のクセ＝「やっぱ」「すごく」などが多いのも聞き苦しい。

★否定語のクセ＝「でも」「だって」「だからァ」

★学生言葉＝「マジ」「超○○」「ヤバイ」「ビミョー」「〜的な」などは職場にふさわしくない。

豆知識 会話の中で「われわれ」「わたしたち」を使用すると、親密度が高まる。また、会話の中に相手の名前を入れるのも効果あり。

敬語の使い方

> 会社では敬語を使い分けなければいけないのでしょうが、難しくて、頭が痛くなりそうです……。

1

会社生活Q&A

　確かに敬語の使い分けは複雑で、迷うことも少なくありません。しかし、基本的なことも知らないようでは社会人として失格です。最低限のことは勉強してマスターしておきましょう。

　敬語には主に、上位の人の動作・状態を敬う尊敬語、自分をへりくだって言う謙譲語、丁寧にものごとを言う丁寧語があります。

尊敬語の使い方

▼「お(ご)……になる」のパターン

　相手の動作を表す動詞に「お(ご)」をつけ、「になる」で結んで敬意を表す言い方。

　　(例)「お客様はお帰りになりました」「課長はもうご利用になりましたか」。敬意は次の「……れる(られる)」より強い。

▼「……れる(られる)」のパターン

　動作を表す動詞に「(ら)れる」をつけて、敬意を込める言い方。

　　(例)「この夏休み、鈴木さんはどちらへ行かれましたか」
　　　　「あの本、もう読まれましたか」

▼置き換えるパターン

　その言葉を使うことで尊敬を表す。

・言う→おっしゃる
・行く→いらっしゃる
・来る→お越しになる、いらっしゃる、おいでになる
・見る→ご覧になる
・食べる→召しあがる
・する→なさる
・知っている→ご存じである
・くれる→くださる

●「お」「ご」のつけ方

[つけるとき]

①おかばん、ご意見、ご住所など相手のものごとを表す場合。

②お話、ご出席など相手の行為に敬意を表す場合。

③お茶、ご飯など慣習的なもの。

[つけないとき]

カタカナ語(おコーヒー)、動物(お猫)、公共機関(お学校)など

豆知識　雨の日でも野球ができるドーム球場。世界初となるアメリカのアストロドームは、実は蚊よけが目的だった。

謙譲語の使い方

▼「お(ご)……する」のパターン

　最も一般的な謙譲語のパターン。

　　(例)「私が<u>お持ちし</u>ます」「応接間へ<u>ご案内いたし</u>ます」

▼「お(ご)……(を)いただく」のパターン

　話し手のへりくだる気持ちを表し、相手の動作に対する謙譲の言い方。

　　(例)「いつも<u>ご配慮いただき</u>ありがとうございます」「なにかと<u>お</u>
　　　<u>力添えをいただき</u>恐縮です」

　「資料を<u>お貸し願え</u>ないでしょうか」と「お(ご)……願う」の形や
「お(ご)」をつけずに、単に「連れていって<u>いただけ</u>ないでしょうか」
と「……<u>ていただく</u>」の形で謙譲を表す使い方もあります。

▼置き換えるパターン

　その言葉を使うことで謙譲を表す。

・言う→申す

・聞く→うけたまわる、拝聴する、伺う

・行く→参る、伺う、参上する

・来る→参る

・見る→拝見する

・食べる→いただく、頂戴する

・する→いたす

・借りる→拝借する

・会う→お目にかかる

丁寧語の使い方

▼「……です」「……ます」のパターン

　一般的にはこのパターンで十分。

　　(例)「これが最新の資料<u>です</u>」「コピー<u>します</u>」

　「ございます」はより丁寧な言葉。お客様に対しての接遇や、特別
に地位の高い人との会話などに使う。

　　(例)「こちらで<u>ございます</u>」

　　　　「こちらが最新の商品で<u>ございます</u>」

豆知識 雑誌の発売日は1〜2カ月先の日付となっていることが多い。
これは、情報を新鮮に見せるのがねらい。

会社のルール

> 就業規則を読んでみると、いろいろ細かいことが書いてあり、わずらわしいなぁと憂鬱（ゆううつ）になってきました。

1

会社生活Q&A

規則・規程の目的

何人かの人間が集まって集団をつくれば、その集団を維持・運営していくためのルールなり、規則が必要となります。それは会社でも同じことで、就業規則はいわば会社の憲法ともいえるものです。憲法というと堅苦しく感じるかもしれませんが、その目的は、

①仕事を効率よく遂行する。

②労働条件を明確にする。

③職場の秩序・規律を維持する。

ためであり、働く側にとってはプラスの面がたくさんあります。その会社の一員になった以上は守る義務があると同時に、守らないとかえってマイナスになることも少なくありません。

また、規則にもとづき、こまごまとした手続き上の決まりを定めた規程も会社にはあります。「給与規程」「出張規程」などですが、これらは組織を運営していくうえで混乱を起こさないために定められたものです。就業規則ともども、上司・先輩から指導を受けるなどして熟知し、職場のルールを守るようにしましょう。

●会社に関する主な規則・規程例

①法律で定められているもの→定款・就業規則

②人事・労務に関するもの→労働協約・労働協定・給与規程・退職金規程・赴任規程・国内（外）出張旅費規程・慶弔見舞金規程・表彰規程・懲戒規程など

③組織に関するもの→職務分掌規程・職務権限規程・組織図・組織規程など

④業務に関するもの→文書管理規程・車両管理規程・接待交際費規程・安全衛生規程など

⑤その他のもの→マニュアル・心得・通達・慣習など

豆知識 シマウマの模様は、サバンナでは優れた保護色。群れをなせばなすほど、草むらや灌木林のように見える。

届出の提出

　会社では、各規程に従って、さまざまな届出を義務づけています。大別すると、

　　①「出張届」「休暇届」といった勤務上のもの。

　　②「結婚届」「出生届」といった私的なもの。

があり、該当する場合は所定の書式に従って記入し、人事部や総務部など管理部門に提出しなければなりません。

　もし届出を忘れば、例えば「休暇届」なしに休むと無断欠勤として懲戒の対象になるなど、自分が不利になるばかりか、周囲の人にも迷惑をかけます。たいていは会社に決まったフォームがあり、それに書き込めばすむようになっていますから、面倒がらずに、規程に定められた手続きに従って、そのつど提出しましょう。

■届出フォーム例

▼主な諸届の種類

①勤務に関するもの

　欠勤届・遅刻届・早退届・時間外勤務届・外出許可願・休暇届（願）・代休届・出張届・駐車場使用届など

②プライベートに関するもの

　転居届・住所変更届・結婚届・出生届・死亡届・資格取得届など

▼勤怠届を出すときは

①遅刻・早退・欠勤など勤怠に関する連絡（届出）は、必ず上司へ直接提出し、許可を得る。メールやラインだけですませないこと。

②周りの人に仕事上の迷惑がかからないよう、用事等は前もって片づけておき、支障のない日を選ぶ。

③病気・事故など緊急のやむを得ない事情で遅刻・欠勤する場合は、なるべく早く電話で上司に連絡し、出社の予定時刻等を伝える。

④先輩・同僚などに仕事を引き継いでもらう場合は、相手の状況を確認してから「よろしくお願いします」と一言添えてお願いする。

⑤いずれの場合も、出社したときは理由のいかんを問わず「ご迷惑をおかけしました」とお詫びするのが礼儀。

豆知識	マグロは、巨体を維持するために大量の餌が必要。イワシなどを追いかけるために、なんと時速100キロ以上で泳ぐ。

勤務態度の基本と休暇制度

> 9時始まりなので、9時5分前に出社したところ、周りから
> なんとなく白い目で見られました。

勤務中の心得

▼出社するときは

始業時間とは、業務が始められる時刻のことです。遅くとも15
分前には出社して、5分前には仕事ができる状態で着席するように
しましょう。私用の携帯電話は電源を切るかマナーモードにしてお
き、着信や留守電、メールのチェックは休憩時間に。

▼離席するときは

①イスを机の下に収め、重要書類、メモ、帳票類を片づけておく。

②長時間にわたる場合は、行き先などを上司や周囲の人に伝えておく。

③パソコン画面は、ロック等で他の人が見られないようにしておく。

▼昼休み・休憩時間は

①店が混むからと時間前に席を立つのはもってのほか。席に戻るの
はやはり午後の始業5分前に。

②昼休みや休憩時間にお客様が来られないともかぎらない。応接
セットでのゴロ寝など、だらしない格好は慎むこと。

▼退社するときは

①その日のうちにすませるべき仕事は全部終えておく。

②翌日の仕事の段取りをすませておく。

③机の上はきれいに片づけ、イスを机の下に収めておく。

④重要書類はしかるべき場所に保管する。

⑤ゴミなどは分別して廃棄する。

⑥最後になったときは戸締まり・消灯等の確認をする。

▼その他

①仕事中は周囲の人にみだりに話しかけない。用事のあるときは、
「よろしいでしょうか」と断ってから話しかける。

②公私のけじめを守ること。小さな公私混同がやがて大きな公私混
同につながっていく。新人時代から、しっかりしたけじめのある
態度を身につけることが大切である。

豆知識 電話の呼びかけの言葉「もしもし」は「申します、申します」
が省略されたもの。電話開通当初は「おいおい」だった。

フレックスタイム制度

　フレックスタイム制度とは、最長１カ月間の所定労働時間の枠内で、各従業員に日々の出勤と退社の時刻、１日の労働時間の長さを自主的に決定させる制度です。

　フレックスタイム制度を採用している会社には、多くの場合、全従業員が勤務すべき時間、すなわちコアタイムがありますから、当然、遅刻・早退もあります。遅くともコアタイムの始まりを始業時間と考えて、その５分前には仕事に取りかかれる状態で着席するようにしましょう。

休暇制度

▼年次有給休暇制度

　労働基準法によると、

　a．６カ月間継続勤務したこと

　b．全労働日の８割以上出勤したこと

　この２つの条件を満たした者に、年次有給休暇が与えられます。

　したがって、新入社員の場合、労働基準法上の年次有給休暇は、最初の半年間はありません。しかし、その間の出勤率が８割以上であれば、事業場の規模にかかわらず一律10日の有給休暇が与えられます。そして、それ以降は１年継続勤務するごとに、入社から２年６カ月までは１日ずつ、その翌年以降は２日ずつ年次有給休暇の日数は加算されます（上限は計20日）。ただし、権利は時効により２年で消滅してしまいます。つまり、翌年度までしか繰り越しができないのです。

　会社によっては、時効で失効した年休の積立制度を採用しているところもありますから、確認しておくとよいでしょう。

特別休暇

　夏休みや年末年始の連続休暇に加えて、企業によってリフレッシュ休暇、ボランティア休暇、記念日休暇等の特別休暇制度を取り入れています。

　これらの特別休暇の取り方には、企業ごとに規則や慣例があるでしょうから、それに従ってください。

豆知識　日本で最初にレンタカー会社ができたのは、1912年のこと。もっとも、当時は運転手つきで、いまで言うハイヤーだった。

社会保険制度の基礎知識

　会社にはさまざまな社会保険制度があると聞きました。具体的にはどのようなものがあるのでしょうか？

社会保険制度とは

　社会人として働く中では、病気、事故などによる負傷、身体の障害、死亡、失業などによって、生活が困難になることがあります。社会保険とは、こうした不測の事態に備え、制度加入者の拠出によって必要な資金をあらかじめ準備しておく制度です。

　保険制度加入者に上記のような変化が訪れたときに、制度加入者やその家族の生活を保障するために保険給付を行ないます。また、定年まで無事に働き退職した場合でも、公的年金制度による保障があります。社会保険制度は、個人では対処できない場合のための「社会的セーフティーネット」なのです。

社会保険制度の種類

　社会保険制度と一口に言っても、さまざまな種類があり、それぞれ条件や保障内容が異なります。その中でも会社で働く上で特に関係が深いのは、雇用保険、労働者災害補償保険（労災保険）、健康保険、介護保険、厚生年金保険などです。

▼雇用保険

　雇用保険は政府が管掌する強制保険制度で、常時使用する労働者を１人でも雇用する事業には、原則として強制的に適用されます。雇用保険分は、事業主と労働者双方で負担することになっており、原則として毎月の給与から天引きされます。

　雇用保険は俗に失業保険とも呼ばれ、労働者の生活および雇用の安定と再就職の促進を目的としています。労働者が失業により収入源を失ったときや、労働者の雇用の継続が困難となったとき、または労働者が自ら職業に関する教育訓練を受けるために仕事をやめた場合などに、離職票などの必要書類を揃え職業安定所（ハローワーク）に行って手続きをすれば給付されます。

豆知識　昔流行語になった「リベンジ」。本来は復讐の意味を持つ語で、再挑戦するという意味なら正しくは「return match」。

▼労働者災害補償保険（労災保険）

労災保険とは、労働者が業務中や通勤途中などに事故や災害にあった場合に保険金を給付するものです。

給付の対象はケガや障害だけでなく、「疾病労災」といって、業務が原因で発症した場合や、労働者がもともと持っていた疾病が、労働の継続や超過によって自然的な経過を超えて悪化した場合などにも、保険金が支払われます。

労災保険が適用されるのは、原則として、労働者本人と、労働者が死亡した場合はその遺族です。また、正社員だけでなく、パート、アルバイトなどにも適用されます。

労災の保険料は、雇用保険のように事業主と労働者双方ではなく、全額事業主により負担されます。

▼健康保険

社会保険制度の1つである医療保険制度は、職業の種類によって加入する制度が異なります。このうち、会社で働くサラリーマンが加入するのは「健康保険」です。

健康保険は、加入者や加入者と同一生計の家族が病気やケガをしたとき、出産したとき、死亡したとき、多額の医療費などが生活を圧迫することがないように給付を行なうものです。また加入者が病気、ケガ、出産などにより会社を休み、給与などが支給されないときも給付されます。

ただし、勤務中や出勤中のケガ、業務が原因で発症した病気などは労災保険の対象となるため、保障されません。なお、保険料は事業主と労働者双方で負担することになっており、雇用保険と同様に給与などから天引きされます。

▼介護保険

介護保険は、高齢化にともない、家族などによる老人介護が必要不可欠とされる中、その負担を軽減するために創設されました。40歳以上の人が強制的に加入する社会保険制度で、国、都道府県、市区町村の負担金と、被保険者が支払っている保険料で運営されています。

介護保険の被保険者には、65歳以上の人（第1号被保険者）、40歳以上65歳未満の人（第2号被保険者）の2つの種別があります。第

豆知識 ビールは100mlあたり約40kcal、焼酎は約140〜200kcal。焼酎ロックと生中1杯のカロリーは、実はあまり変わらない。

1 会社生活Q&A

　1号被保険者は、寝たきりや認知症などの要介護者、要支援者、第2号被保険者は要介護者、要支援者のうち初老期認知症、脳血管疾患などで介護が必要になった人が、保険金の給付を受けることができます。

　ちなみに、介護保険給付は現金で支給されるわけឈではありません。それぞれの認定区分の利用限度額内で、利用したサービスにかかる費用のうち、1割（一定以上所得者は2割または3割）を自己負担、残りを介護保険でまかなうというシステムです。

▼厚生年金保険

　厚生年金保険法にもとづき、定められた事業所の従業員に老齢・障害・遺族年金などを給付する政府管掌の社会保険制度です。

　一般には「会社員が加入できる（している）、手厚い年金」というイメージがありますが、すべての会社が加入しているわけではないので注意が必要です。保険料は、月額給与と賞与の合計のおよそ18.3％ですが、原則として事業主と被保険者が双方でそれぞれ半額を負担するため、実質的な負担率はおよそ9.15％です。毎月の給与から天引きされて納付されます。

▼厚生年金の給付

　厚生年金は基礎年金に上乗せして支給されます。また被保険期間中に診断を受け、心身の障害が認められた場合は障害厚生年金を、被保険期間中に死亡した場合は被保険者の遺族が遺族厚生年金を受け取ることができます。

　給付される金額は、現役時の収入や被保険者の年齢によって異なります。

企業年金制度

　企業によっては、私的年金の一種である「企業年金制度」がある場合があります。企業年金制度は、主に正社員に対して適用され、企業が掛金を負担する場合がほとんどです。

　企業年金には、厚生年金に上乗せして支払われる「厚生年金基金」や、掛金を資金として運用し、その運用結果によって支給額が異なる「確定拠出年金」、目標金額をあらかじめ定め、その受給額から逆算して積み立てていく「確定給付年金」などがあります。

豆知識 アメリカの履歴書には、年齢、性別、人種、容姿による就職差別を防ぐため、原則として性別や誕生日を書かず、写真も貼らない。

40

ビジネスパーソンの健康管理

> 「仕事をがんばるには、健康が第一」と先輩社員に言われました。どんな点に気をつけたらよいでしょうか?

日ごろの心がけを大切に

　仕事が忙しくなると、つい毎日の生活が不規則になりがち。それだけに栄養や睡眠を十分にとり、社会人としての自己管理が必要になります。特に暑さで体力が奪われがちな夏と、インフルエンザなどの感染症が流行する冬は、いっそうの注意が必要です。

▼「暑い」と感じなくても熱中症対策を

　熱中症は、目まいや立ちくらみ、倦怠感、吐き気、筋肉痛、意識障害などが主な症状です。真夏の炎天下だけでなく、室内や夜でも起こるので油断は禁物。オフィスでは気温や湿度が高くならないように空調を調節し、外出時にはペットボトルなどを持ち歩いてこまめに水分補給をしましょう。激しく汗をかいたときは塩分補給も必要。吸水性・速乾性にすぐれた下着の着用なども効果的です。

▼冬はインフルエンザや感染性胃腸炎がピークに

　空気が乾燥し、気温が低くなる冬は、インフルエンザや胃腸炎などの感染症が流行しやすくなります。インフルエンザの予防には、まず手洗い・うがいをしっかりと。手洗いは殺菌効果の高い石けんを使って15秒以上行なう必要があります。咳やくしゃみ等の症状があったら、周囲に迷惑をかけないようにマスクの着用がマナー。また、胃腸炎を引き起こすウイルスの中で特に感染力が強いのがノロウイルス。予防には徹底的な手洗い・殺菌が大切です。

　いずれにせよ、普段の自分の体調を把握し、異変を感じたらなるべく早く医療機関を受診するように心がけましょう。

▼いざというときにはAEDの使用を

　中高年層だけでなく、若い世代にもリスクがある心臓突然死。その原因のひとつである心室細動の際、心臓の働きを戻すために使われるのが「AED(自動体外式除細動器)」です。AEDは音声や表示に従えば誰でも使用できるので、オフィス周辺の設置場所を調べておき、躊躇なく使えるようにしておきたいものです。

豆知識 グレープフルーツジュースに含まれる成分は一部の薬の作用、副作用を強め、効きすぎる恐れがあるため、薬と一緒に飲むのは NG。

コンプライアンス（法令遵守）を徹底する

企業不祥事のニュースのたびにコンプライアンスという言葉を耳にします。何に気をつければいいのですか。

企業不祥事とコンプライアンス

　企業が社会からの信頼を得るためには、日ごろから法令などを遵守し、不祥事が起こらないようルールに則った活動を行なうことが前提となります。万一、法律や規則に違反したり、倫理に反するような行為が公になると、売上が大幅に落ち込むなど、経営に大きな悪影響を及ぼし、なかには不祥事が原因で会社の存続さえ危ぶまれるケースもあるほどです。

　最近では、そうした不祥事の発覚によって信用を失う一流企業も多くなり、企業のリスク管理の観点から「コンプライアンス（法令遵守）」の問題が頻繁に取り上げられるようになりました。企業不祥事でダメージを受けないよう、いかにコンプライアンスを確保するかが、企業の重要なテーマとなっているのです。

コンプライアンスとは

　コンプライアンスを日本語に訳せば「法令遵守」となります。法律や規則などにそむかず、よく守ることを意味しています。

　コンプライアンスは、法律に違反する行為さえしなければよいというものではありません。ビジネスの世界では、企業が事業活動を行なううえで最低限守らなければならないものとして、単に法令を守るという限定された内容だけでなく、就業規則などの社内の諸規則や業務マニュアルの遵守に加え、倫理や道徳といった社会的なルールの遵守までを含めて、広い意味で使われています。

　たとえ法律違反でなくても、たったひとりの社員の反社会的な行為が明るみに出れば、企業全体が信用を失ってしまうことにもなりかねません。新入社員といえども会社の代表であるという認識をしっかり持って、コンプライアンスの徹底に努めてください。判断に迷ったときは、上司か会社の相談窓口に相談しましょう。

豆知識 男性だけの集団が狭い部屋で話し合うと、参加者同士の印象が悪くなったり、極端な結論が出やすい。女性の場合は逆。

セクシュアルハラスメントとは

　相手の意に反した、性的な言動を行なうことを「セクシュアルハラスメント（セクハラ／性的嫌がらせ）」といいます。男性から女性に対するものに限らず、女性から男性、また同性同士でも起こります。職場の地位や役職を利用して性的な服従を要求する、卑猥な写真などを見せる、性的な発言を繰り返すなどのわかりやすい行為から、不必要に身体に接触する、プライベートなことを聞く、女性らしさをほめるなど、一見わかりにくいものもあります。そのため、知らない間に加害者になってしまったり、被害者でありながら「コミュニケーションのひとつ」「職場の伝統」などの名のもとに我慢してストレスをためるという問題も起こりがちなのです。

　セクハラは個人の尊厳を傷つける行為であることはもちろん、職場の人間関係を悪化させ、組織の士気を低下させることにもなります。場合によっては企業の社会的評価に悪影響を及ぼすため、セクハラをしない、許さないことが大切です。以下のような行為はセクハラとなる可能性が高いので注意しておきましょう。

□執拗に食事や酒席に誘う。
□酒席で隣に座ることやデュエット、お酌などを強要する。
□休日の予定や恋人の有無などプライベートについて、しつこく質問する。
□化粧や服装、身体的特徴をむやみにほめる。
□性的な話をする。
□「男のくせに」「女のくせに」、「男らしくない」「女らしくない」、「男だから」「女だから」と根拠なく性差を持ち出す。
□社内にヌード写真が貼ってあったり、男性週刊誌が無造作に置かれている。
□性的な噂や悪評を流す。
□性的体験を聞いたり話したりする。
□（主に男性に対し）風俗店へ無理矢理誘う。
□「いま何歳？」「結婚しないの？」「子供はまだ？」と聞く。
□肩を揉む等、体を必要以上に触る。
□女性社員を「おばさん」と呼ぶ。
□必要以上に近づく。見つめる。　　　　　　　　　　　　　　など

豆知識　ほめるときは相手の目を見て、批判するときは視線をはずしたほうが好感を持たれるらしい。視線の使い方に注意すべし。

パワーハラスメントとは

日本で「パワーハラスメント（パワハラ）」という言葉が登場したのは2000年代初め。その後、都道府県労働局に寄せられる相談件数が急増し、2018年度には8万件を超えるなど深刻な社会問題になりました。2020年6月の改正労働施策総合推進法（パワハラ防止法）によって、職場におけるパワハラ防止対策が強化されました。事業主にパワハラ防止措置を講じることを義務付ける、パワハラ相談したことなどを理由とする従業員への不利益な取扱いを禁止するなどが定められています。

▼パワハラの3要素

職場のパワハラについて、厚生労働省は次のように定義しています。「職場において行われる① 優越的な関係を背景とした言動であって、② 業務上必要かつ相当な範囲を超えたものにより、③ 従業員の就業環境が害されるものであり、①から③までの3つの要素を全て満たすもの」

ですから、客観的にみて、業務上必要かつ相当な範囲で行なわれる適正な業務指示や指導は、パワハラに該当しません。ちなみに、2020年10月実施の厚生労働省アンケート調査では、ハラスメントを一度以上経験した人の割合は、パワハラが31.4％でセクハラ（10.2％）の3倍。依然として高い割合を占めています。

▼適切なコミュニケーションを心がける

パワハラもセクハラと同じで難しいところは、業務命令・指導・教育などとの境目がわかりにくいところにあります。熱心な指導が行き過ぎてしまった場合もあれば、ミスを叱責されていることに対して「パワハラだ！」と訴える例もあります。また、パワハラは上司から部下への行為だけでなく、先輩・後輩間や同僚間、さらには部下から上司に対して行なわれる場合もあります。つらい思いをしているならば一人で抱え込まず、早急に第三者への相談を。

パワハラは個人の尊厳を傷つける許されない行為です。職場環境の悪化や企業イメージの低下など、業務全般への悪影響につながりかねないのもセクハラと同じ。一人ひとりが互いの人格を尊重し合い、適切なコミュニケーションを心がける必要があるでしょう。

豆知識 日本では人前で鼻をかむのがエチケット違反で、一生懸命すすったりして我慢するが、欧米ではその逆。

メンタルヘルスを考える

　近年、職業生活に強い不安やストレスを感じる人が増えていることから、メンタルヘルス・マネジメント(心の健康管理)への取り組みが一層重要になってきました。企業は労働基準法や労働安全衛生法により、従業員の心身の健康を管理する義務を負っています。

　具体的な取り組みとしては、従業員・管理監督者向けの教育研修や、Webサイト、パンフレット等による情報提供、従業員のストレスの把握と職場環境の改善などがあります。

▼ストレスチェックで自分のストレス度を把握

　ストレスチェックを年一回実施することが、従業員数50人以上の企業には義務付けられています。定期的な従業員自身のストレスチェックとその分析にもとづいて、職場環境の改善につなげ、従業員のメンタルヘルス不調を未然に防止する目的で実施されています。

▼セクハラ、パワハラ、メンタルヘルスを相談するなら

　セクハラ、パワハラなどの行為を受けて不快な思いをした場合、一人で悩まず、会社の窓口や信頼できる上司に相談しましょう。社内の対応に不安があるときは、社外の相談窓口の利用も。

◇セクハラの被害にあったら
　都道府県労働局雇用環境・均等部(室) で検索

◇パワハラの被害にあったら
　厚生労働省 ハラスメント悩み相談室 で検索
　個別労働紛争解決制度 で検索

◇ハラスメント全般
　あかるい職場応援団 で検索

◇メンタルヘルス全般の相談
　産業保健スタッフやカウンセラーが対応してくれる社内の窓口のほか、社外の相談窓口も利用できます。
　働く人の悩みホットライン で検索　こころの耳 で検索

豆知識　日本では「ビール」だが、アメリカでは「ビア」と発音する。実は「ビール」はオランダ語の bier からきている言葉。

コンプライアンスのケーススタディ

【ケーススタディ：1】仕事を家に持ち帰って残業してもいい？

　　終業時刻になりましたが、まだ仕事が残っています。今日は「ノー残業デー」なので、上司に申し出ても残業を認めてもらえそうにありません。仕事が遅れると上司の評価が下がるのではと心配だし、どうしようか悩んだ末、「やむを得ないな。家で続きをして仕上げよう」と、残った仕事を自宅へ持ち帰ることにしました。

▼自宅へ持ち帰っての残業は、労働基準法（就業規則）違反です

　2019年4月1日より働き方改革関連法が順次施行され、長時間労働是正のために残業時間の上限が月45時間以内と定められました。これを超えると罰則が科せられます。会社での残業が難しくなったからといって、自宅に仕事を持ち帰って「サービス残業」をするのは、労働基準法及び就業規則違反。資料等の紛失や情報漏洩のリスクもあります。仕事は決められた時間内に終えるように効率よく進めましょう。終えられそうにないときには、早めに上司に相談を。

【ケーススタディ：2】昼休み時間のオーバーは残業で相殺できる？

　　今日は会社の近くの百貨店のセール日。昼休み時間に買い物に出かけて職場に戻ってくると、20分ほど休み時間をオーバーしていました。気づいた課長に呼ばれて厳しく注意されたのですが、「今日そのぶん残業しても申請しませんから。それで相殺でいいですよね？」という答えに、課長は返す言葉がありませんでした。

▼昼休みのルールを守るべきで、相殺は認められません

　会社の就業規則などでは、昼休みの時間が定められています。また、労働契約で、従業員は執務時間中は職務に専念する義務を負っています。このケースは就業規則と労働契約の2つに違反しているだけでなく、残業は上司が指示すべきものなのに、自分で勝手に残業すると決めているのも問題です。時間の帳尻が合えばいいというものではありません。昼休み時間は、決められた一定の時間内で昼食と休憩を取り、午後の職務に支障の出ないように過ごしましょう。

豆知識　Tシャツは形がアルファベットのTに似ていることから名づけられたが、Yシャツは「ホワイトシャツ」がなまったもの。

1
会社生活Q&A

【ケーススタディ：3】会社のコピー機を私用に使っても大丈夫？

> 会議用の資料をコピーしていると、先輩の男性社員から、「悪いけど、これもついでにコピーして」と頼まれました。「それ、何の書類ですか？」と聞くと、「保育園のバザーの案内。妻に頼まれたんだよ。課長の許可も得ているから、30部頼むよ」。「私用なのに……」と思いつつ、30部コピーをして渡しましたが、いいのかな？

▼上司が許可しても、私的利用は原則として許されません

会社が購入（リース）したコピー機は会社の資産です。使用料、メンテナンス代、コピー用紙代、トナー代などを会社が支払っており、それを私的に使用したなら、会社の利益をそこねていることになります。厳密には、コピー用紙等の「窃盗」にあたり、許されることではありません。たとえ上司の許可を得たとしても、少ない枚数であったとしても、絶対に私的利用（公私混同）はしないのが、社会人としてのモラルです。

【ケーススタディ：4】職場でLGBTへの対応に戸惑っています

> 配属になった部署の男性社員のしぐさが、どことなく女性っぽくて気になります。先輩や同僚たちも、「変わった人だ」「なよなよしている」などと噂し、嫌がらせをしたり、少し距離を置いている感じです。「ダイバーシティをいっそう推進する」という社長の方針もあり、多様性を受け入れる必要性は理解しているのですが……。

▼性的傾向の多様性を認めて、その人の言動の尊重を

社員の性別、国籍、年齢、宗教、性的指向などに関係なく、多様な人材を活用するダイバーシティの考え方を進めていくことが、企業の発展には不可欠になりつつあります。この男性社員は、出生時の性別と本人が感じる性別（性自認）とが異なるＴ（トランスジェンダー）なのかもしれません。それをからかったり、差別や嫌がらせをすることは、セクハラであり、人権侵害にあたります。性の多様性を認め、一人ひとりの生き方を尊重することが大事です。

豆知識 進む方向に対して中心が右にあるのが「右回り」、左にあるのが「左回り」。つまり、時計回りが右回り。反時計回りが左回り。

1 会社生活Q＆A

【ケーススタディ：5】会社の出来事を日記代わりにブログに投稿

　会社であった出来事を自分のブログに投稿するのが毎日の楽しみです。その日は新製品開発の社内発表会に出席して知った最新情報をさっそくブログに書き込みました。数日後、上司に呼び出され、「マスコミに正式にリリースする前に、会社の重要な情報をもらすとは何事だ！」と、厳重注意を受けてしまいました。

▼会社の情報の投稿は控えましょう

　ブログやSNSによって自分の情報や意見などを手軽に投稿できる時代ですが、大学時代と同じような感覚で、日記代わりに会社での出来事や自分の仕事の内容などを投稿してはいけません。会社の機密情報漏洩のリスクがあるからです。何気ない話題のつもりでも、読む人によっては非常に価値の高い情報が含まれているかもしれません。会社の情報、職務上知り得た情報などを個人のブログや SNSにアップするのはやめましょう。

【ケーススタディ：6】喫茶店で仕事をするときは

　今日はクライアントとの打ち合わせ。約束の時間まで間があるので、喫茶店に入りました。打ち合わせ前に、ノートパソコンを開いて、顧客情報や売り上げデータなどをチェックしていましたが、途中でトイレに行きたくなり、近くの席に人もいなかったので、パソコンの画面を開いたまま、ちょっとの間、席を立ちました。

▼情報漏洩しないように細心の注意を

　喫茶店やファミレスなどオープンな場でパソコン作業をする際には、誰かにのぞき見されるリスクを意識しましょう。パスワードを設定しておくのはもちろん、画面にフィルターをつける、トイレに行くなど少しの間でも席を外す際にはパソコンを携行する、といった配慮を。コロナ禍でリモートワークが広まり、長時間シェアオフィスなど会社以外の場所で業務を行なう場面も増えています。会社の機密情報・個人情報の保護には細心の注意をはらいましょう。

豆知識　世界最古の企業は、578 年創業の大阪の建設会社・金剛組。聖徳太子による四天王寺の建設にかかわったのが始まりとされる。

【ケーススタディ：7】複数の取引先へ一斉メールする際の注意点は？

> 「新製品の案内を取引先に一斉にメールするように」と、課長から指示されたので、取引先のメールアドレスをメールソフトの「CC」欄にすべて入力して、まとめて送ることにしました。それを見ていた先輩の女性社員が、「CC より Bcc で送ったほうがいいんじゃないですか」と、心配そうにアドバイスしてくれました。

▼Bcc を利用して、取引先情報の漏洩を防ぎましょう

　送信先のメールアドレス入力欄には、① 宛先（To）、② CC、③ Bcc の3つがあります。①と②は受信者側にアドレスが表示されるので、CCで複数の送り先に一斉送信すると、受信者は、発信者だけでなく、送信先全員のメールアドレスを知ることができます。ここから、個人情報、取引先情報が漏洩しかねません。Bcc に入力されたメールアドレスは受信者側には表示されません。受信者に送信先を知られたくないとき、一斉送信ではBccを使いましょう。

【ケーススタディ：8】情報をUSBメモリに保存して持ち出していい？

> 金曜日の夜。「せっかくのデートなのに……」と腕時計に目をやると、すでに夜の7時を過ぎ、約束の時間ぎりぎりです。上司から「月曜日の朝までに」と頼まれた顧客名簿の整理作業は、まだ2時間ほどはかかりそうです。「土日に家でやればいいか」。そう決心し、私物のUSBメモリに名簿をコピーして、帰り支度を始めました。

▼簡便なツールであっても、機密情報を持ち出すのはNG

　USBメモリは大容量のデータを記録でき、コンパクトで手軽に持ち運べる便利なツールですが、社外に持ち出せば、紛失や盗難、ウイルス感染の危険があり、悪意の第三者によってそのデータが悪用されない保証はありません。ひとたび個人情報が流出すれば大きな社会問題になり、会社の信用を損ねる結果にもなります。いくら便利なツールであっても、会社の情報の個人的な持ち出しは絶対にしてはいけません。

豆知識　料理の「ひとつまみ」とは親指・人差し指・中指の3本でつまんだ量、「少々」とは親指と人差し指2本でつまんだ量になる。

社内交際の基本

> 直属の上司である係長とはどうも気が合いません。それで、つい
> かわいがってくれる課長にばかり相談を持ちかけるのですが……。

　学生時代は気の合わない人間、好きではない人間と無理してつき
あう必要はありませんでした。しかし、会社での人間関係は自分で
選ぶことはできません。仕事を介して、どんなに気が合わない人と
でもつきあっていかなければならないのが職場の人間関係の基本で
す。もしそこですねたり、無視したりすれば、仕事の流れがギクシャ
クして、職場のチームワークにも悪い影響が出ます。毎日の出勤が
憂鬱にもなるでしょう。どうせならよい人間関係を築いて仕事をて
きぱき進め、充実した会社生活を送るほうが自分のためです。

　新人時代は上司・先輩にかわいがられて成長する時期です。といっ
ても、単に明るければいいというものではなく、職場では、仕事に
対する責任感、熱意、能力で人物を評価します。うわべの社交術を
磨くよりは、まず、仕事で信頼を得るよう努力しましょう。

▼上司とのつきあい方

　会社には社長、役員、部長、課長など縦型の序列があり、それぞ
れの立場を尊重しながら仕事が進められています。その序列を無視
することは秩序を乱すばかりか、プライドを傷つける危険性もあり
ます。特に、直属の上司の立場は尊重しなくてはいけません。

　また、ご馳走になるときはなるべく素直に受けるように。断らな
ければならないときには、やむを得ない理由を述べ、感謝の言葉と
ともに丁重に断りましょう。

▼先輩・同僚とのつきあい方

　先輩は仕事を教えてくれる人。もし同い年や年下であっても、学
ぶ心で接しましょう。一方、同僚は仕事のパートナーとして「親し
き仲にも礼儀あり」を忘れないようにしましょう。

▼異性とのつきあい方

　職場内では、性別にかかわりなく同じ仕事のメンバー。異性とし
て特別な目で見たりしないように。また、近年では職場恋愛がタブー
視されることはめったにありませんが、公私のけじめはしっかりつ
けるようにしましょう。

豆知識　「ケチャップ」はもともと中国語の「鮭汁」（kechiap・塩漬けの
魚の汁）がインドやアメリカ等を経て、日本に伝わった言葉。

社外交際の基本

> 仕事先で遅くなったところ、「どうです、食事でも」と誘われました。断っていいものかどうか……。

　会社に入れば、仕事や取引を通じて、社外のいろいろな人とつきあう機会が少なくありません。そのつきあいが仕事だけでなく、プライベートな交際へと広がり、社外ネットワークとして大いにプラスになるケースもありますが、その一方で、気をつけないと、利害に絡んだ誘惑も待ち受けています。かといって、かたくなな態度ばかりでは仕事がうまく進みません。身を律しつつ、節度をわきまえた友好関係を築いていくようにしましょう。

▼社外交際の注意ポイント

①社外の人から見れば、新人でも会社を代表する社員。あなたを通して会社が判断される。礼儀正しい言動を心がけよう。

②待つ身になるとも、待たせる身になるな。時間厳守は信用のバロメーター。約束の5分前にはその場に行こう。

③特に新人の間は、アフター5に食事やお酒の誘いを受けたときは上司に相談しよう。出先などやむを得ない事情のときは、翌朝、持てなしを受けたことを報告し、指示を仰ぐ。

④酒食の席で、会社の内部事情や秘密、噂話などを喋るのは禁物。たとえ親戚・友人・学校の先輩であっても、守秘義務は守ろう。

⑤借金や斡旋など個人的な貸し借りはつくらない。もし借りができたときには、すぐに返しておこう。

●セールス活動を成功させる交際術

1. いつも笑顔で→明るい笑顔が心を開く。
2. 名前や肩書きで呼びかけを→身近に感じる。
3. 喋りすぎるな→聞き上手になれば身を入れて話してくれる。
4. 議論は避けよ→相手をやりこめても反感を買うだけ。
5. ほめ言葉を使え→自尊心を引き出す効果がある。
6. 自慢話は禁物→コンプレックスを刺激するだけ。
7. 過ちは素直に認めよ→誠心誠意謝罪することが大切。
8. 感謝の言葉を→感謝されて怒る人はいない。

豆知識 キャッシュカードで買い物ができる「デビットカード」。この「デビット（Debit）」は、貸借対照表の借方を意味する単語が語源。

交際のケーススタディ

【ケーススタディ：1】意見の対立が原因で上司が感情を害した

> 係長の意見がどうしてもおかしいと思ったので、「係長、それはおかしいんじゃないですか」と自説を強く主張したところ、係長はムッとした顔つきで「じゃ、好きにやったら」と言ったきり黙ってしまいました。それからほとんど無視され、何を相談してもまともに話を聞いてもらえません。

　上司の指示命令は最後まで黙って聞くのが原則です。意見はそのあとで述べてもかまいませんが、上司の立場やプライドを傷つけない配慮が大切です。「ご意見はもっともですが、私はこう思います……」「私の記憶違いかもしれませんが……」と上司の意見を認めたうえで自説を述べれば、上司も感情を害したりはしなかったでしょう。

[ワンポイントアドバイス]

・上司からは折れにくいもの。「この前は申し訳ありませんでした」と新人のほうから上司の懐に飛び込んでいこう。案ずるより産むが易しで、上司もそれを待っているかもしれない。

【ケーススタディ：2】上司がすぐに雑用を押しつける

> 「おい、A君、今日の夕方までにこれをコピーしておいてくれ」などと、係長は何かといえば、急ぎの雑用を押しつけます。先輩の中にヒマそうにしている人がいるにもかかわらず、「ちょっと、ここを片づけてくれ」「荷物を運んでくれ」と命令するのです。これって、パワハラではないでしょうか?

　新人の間はなんでもお役に立とうという姿勢が大事です。時間単価の高い先輩に雑用をさせるのは経営効率の点でマイナスのことも。その仕事がどう役立っているか、大きな目で見てみましょう。

[ワンポイントアドバイス]

・笑顔で気持ちよく雑用を引き受けよう。そこから上司の信頼感が生まれ、次の仕事へのステップになる。必要なら、上司と一度じっくり話し合ってみるのもいいだろう。

豆知識 聞く耳を持たない相手を説得するときは、相手の顔の正面に回り込む。そうすると相手の注意はイヤでもこちらに。

【ケーススタディ：3】周りが年上の人ばかりで話が合わない

> 配属された職場で20代は私ひとりだけ。帰りがけに、たまに先輩たちと飲みに行くのですが、知らない仕事やゴルフの話ばかりで、少しも面白くありません。カラオケにしても、演歌かなつメロ。最近は誘われても断るようにしているため、職場の雰囲気がなんとなくよそよそしく感じられます。

　育ってきた時代背景も関心事も違うのですから、話が合いにくいのは当たり前です。だからといって、つきあいを拒否していたのでは、職場の人間関係はうまくいきません。仕事の、人生の先輩として、話を聞かせてもらえれば、むしろ、いろいろとプラスになります。

[ワンポイントアドバイス]
・聞き上手になろう。話に関心を示し、時には質問を織り交ぜながら熱心に聞けば、話も弾み、得るものがいっぱいあるはず。そして、こちらからは若い世代の情報を提供していけば、お互いのコミュニケーションがもっと広がるに違いない。

【ケーススタディ：4】同僚とウマが合わず、ひとり浮いている

> 終業後、同僚たちは、たまに誘い合って食事などに行っているようですが、私だけは声をかけてもらえません。仕事中も、ほかのメンバー同士は冗談を言い合ったりするのに、私には事務的に話をするだけ。昼休みもポツンとひとりで食べています。先日、「私のどこがいけないのよ」と、とうとうケンカをしてしまいました。

　一度、あなたに独善的なところはないか、人の欠点をすぐ指摘するなど、あなた自身に原因がないか、冷静にふり返ってみてください。心のヨロイを脱ぎ捨てて、素直な気持ちで接してみましょう。

[ワンポイントアドバイス]
・まず、自分から心を開こう。「おはよう」という笑顔のあいさつ、「ありがとう」という感謝の言葉、そして、長所を見つけてほめ言葉で接していけば、必ず気持ちは通ずるものである。

豆知識　説得のタブー。ひとりでしゃべる。いばる。過度のお世辞や毒舌。泣き言や自慢話。賛成、あるいは反対ばかりする。

席次の基本

> 取引先のお客様と上司と一緒にタクシーで出かけることになり、お客様、上司に続いて後部座席に乗り込もうとしたところ、上司から前に乗るよう言われました……。

1 会社生活Q&A

　複数の人と同席する場合には、必ず席次があります。席次を知らなかったり無視したりすると、当人が意識していなくても、相手からは失礼な人間だと思われてしまいます。

　席次の基本はその場の上位の方に対して、快適・安全・便利な席を提供しようとするサービス精神です。

▼席次の例（図参照。数字は上席から順につけてあります）

①応接室……ソファーが最上席。以下、ひじ掛け椅子、ひじ掛けのない椅子の順。絵や暖炉がある場合は、そのそばが上席になる。

②会議室……基本的には、リーダーの席を中心に席次が決まる。

③エレベーター……一番奥が上席。操作盤の前が末席で、最下位の者は最初に乗って開閉の操作をし、最後に降りる。来客に対しては、見送りなども忘れずに。

④和室……床の間と脇床がある場合は床の間を背にするのが上席。最下位の者は出入口に近い席で雑用にあたる。

⑤自動車……運転手付きの車の場合は運転席の後部が最上席。後部座席に３人座る場合は、中央の席が末席。助手席は常に末席。ただしマイカーの場合は、助手席が最上席となる。

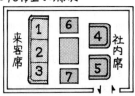

● 応接室での席次

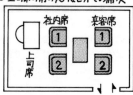

● 上司席の前の応接セットでの席次

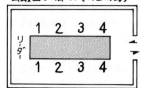

● 会議室での席次（対面形式）

豆知識 酒を何種類も飲むと悪酔いする。これは多様なアルコール濃度に対応する肝臓に大きな負担がかかるから。

1 会社生活Q&A

⑥列車……進行方向を向いた窓側の席が最上席。その向かい側が次席。進行方向に背を向ける、通路側の席が末席である。

⑦飛行機……コックピットのある前方が上席。窓側が最上席だが雲海で何も見えない路線もあり、席次は話し合って決めてもよい。

● エレベーターでの席次

←操作盤

● 和室での席次

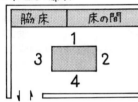

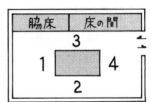

● 自動車での席次

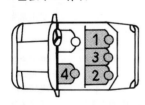

● 列車での席次

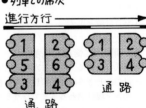

●席次を判断するポイント

☆出入口から遠いほうが上位
☆左が上位、床の間・暖炉・絵・窓に近いほうが上位
☆その場の主賓に近い席が上位

　これらの条件が互いに矛盾する場合もあります。その際には何を優先させるべきか考えて席次を判断してください。

新入社員に贈る名言・格言

【失敗したとき・落ちこんだとき】
・失敗は真理の成長する学校なり。　　　　　　　　　　ビーチャー
・重要なことは、なにを耐え忍んだかではなく、いかに耐え忍んだかにある。　　　　　　　　　　　　　　　　　　　　　　　　セネカ
・いつまでも続く不幸というものはない。じっと我慢するか、勇気を出して追い払うかのいずれかである。　　　　　ロマン・ロラン
・不幸を治す薬は希望より外にない。　　　　　　　シェークスピア

【迷ったとき】
・迷いこそ人間なり。　　　　　　　　　　　　　　　西洋の諺
・断じて敢行すれば鬼神もこれを避く。　　　　　　　　『史記』
・為せば成る為さねば成らぬ成る業を成らぬと捨つる人のはかなさ。
　　　　　　　　　　　　　　　　　　　　　　　　　武田信玄

【腹が立ったとき】
・腹が立つなら十まで数えよ。うんと腹が立つなら百まで数えよ。
　　　　　　　　　　　　　　　　　　　　　　ジェファーソン
・怒りのしずまるとき、後悔がやってくる。　　　　ソフォクレス
・怒りは敵と思え。　　　　　　　　　　　　　　　徳川家康

【人間関係に悩んだとき】
・己人を信じて、人もまた己を信ず。　　　　　　　福沢諭吉
・己の欲せざる所を人に施すなかれ。　　　　　　　　『論語』
・助言と塩は請わるるまで与うるな。　　　　　　　英国の諺
・誰にもよいところがある。それを見つけるべきだ。　　エマスン

【希望を持って!!】
・青春の夢に忠実であれ。　　　　　　　　　　　　シラー
・青年は未来があるというだけで幸福である。　　　ゴーゴリ
・仕事とは人生に味をつける塩である。　　　　　　フラー
・仕事が楽しみならば人生は極楽だ。苦しみならばそれは地獄だ。
　　　　　　　　　　　　　　　　　　　　　　　ゴーリキー

ビジネス
基礎知識

2

電話の受け方・掛け方

受け方のポイント

"はい
××会社〇〇課
△△で
ございます"

メモをとり
ながら聞く

▼呼び出し音が鳴ったら……
①コールは３回以内。きき手と反対の手で受話器をとり、きき手には筆記用具を持つ。
②「もしもし」とは出ずに、ダイヤルインでは「はい、××会社〇〇課のA（名前）です」、内線なら「はい、〇〇課のAです」、コールが４回以上なら「はい」ではなく「お待たせしました」と出る。
③先方が名乗り、社外の人であれば「□□商事のB様でいらっしゃいますか。いつもお世話になっております」などとあいさつをして、用件に入る。名乗らない場合は、「失礼ですが、どちらさまでしょうか」と必ず確認をする。

▼会話中は……
①メモをとりながら、用件を聞く。
②聞きとりにくいときや不明瞭な点は「恐れ入りますが、もう一度おっしゃっていただけませんでしょうか」と丁寧に確認をとる。
③用件が終われば、メモを見ながら「もう一度確認させていただきます。……」と内容を復唱する。
④特に、先方の社名、部署名、氏名、日時、曜日、数字、場所は正確を期すために、注意して念には念を入れる。
⑤もし用件が自分で処理または判断できない内容であれば、「恐れ入りますが、上司（あるいは担当の者）と代わりますので少々お待ちください」と断って取り次ぐ。その際、取り次ぐ相手には会話の経過を手短に伝えること。

▼電話を切るときは……
①「失礼します」など、終わりのあいさつをしてから、お辞儀をするつもりで静かに受話器を置く。
②電話は掛けたほうが先に切るのが原則。受けた場合は、先方が切ったのを確認してから受話器を置くとよい。

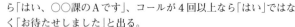

雑学Q&A　ちょっと気になる新語・雑学クイズのコーナーです。酒の肴や話題にどうぞ。解答は、次ページのAにあります。

掛け方のポイント

▼掛ける前に……

①電話にはコストがかかる。間違い電話を防ぐためにも、先方の電話番号、所属、氏名は念のために確認しておく。

②要領よく話せるよう、用件はあらかじめ整理しメモしておく。

③必要な資料、メモ用紙、筆記用具は前もって手元に置いておく。

▼掛けるときは……

①番号は間違いのないよう、ゆっくり、正確に掛ける。

②先方が出たら、「私、××会社○○課のＡと申します」と名乗り、「お忙しいところ恐れ入りますが、□□課のＢ様をお願いします」と、呼び出してほしい相手の所属部署と氏名を伝える。

③相手が電話口に出たなら再度氏名を名乗り、相手を確認のうえ、「いつもお世話になっております」「おはようございます」などとあいさつをして用件に入る。

④用件が複数ある場合は、「○件ほどございますが」とあらかじめ断ってから、「１つは……」と１件ずつ順序よく話す。

⑤携帯電話に掛けるときは、「今よろしいでしょうか」と断る。

▼用件を話し終えたら……

①こみいった用件のときは、正しく伝わったかどうかを失礼のないように確認し、必要なら要点を繰り返す。

②「それではよろしくお願いします」などとあいさつし、掛けたほうから切るのが原則だが、目上の人には後から切るほうが無難。

▼相手が不在のときは……

①再度電話をするなら帰社時刻を確認し、「それでは、そのころもう一度お掛けします」と伝える。

②伝言を頼む場合は、「お伝えいただきたいのですが」と断ってから用件に入り、後で行き違いにならないよう「失礼ですが、お名前を伺ってもよろしいでしょうか」と電話を受けた人の名前を確認しておく。

③折り返し電話が欲しいときは、「恐れ入りますが、お帰りになられましたらお電話をいただきたいのですが」と伝え、自分の社名、部署、氏名、会社の電話番号を伝える。

電話の取り次ぎ方

取り次ぎ方のポイント

▼取り次ぎ電話を受けたら……

①まず先方の社名、部署名、氏名を確認し、「Cですね」（敬称は不要）と指名された氏名を復唱する。同姓の社員がいる場合は、わかっているつもりでも、必ず名前まで確かめる。

②本人がすぐ出られるときは、「ただいまCと代わりますので、少々お待ちください」と言って取り次ぐ。

③少し時間がかかるようなら、「お待ちいただけますでしょうか」「こちらからお電話いたしましょうか」とたずね、掛けてほしいという答えであれば、先方の連絡先を確認し、メモする。

④待ってもらっていて、なおしばらくかかりそうであれば、「申し訳ございません。もう少しかかりそうですが、お待ちいただけますでしょうか」と１分後までにお詫びし、再度声を掛ける（２分以内）。

▼本人があいにく電話中……

①「申し訳ありません。ただいま別の電話にかかっております」と状況を伝え、すぐ終わりそうなら「このままお待ちいただけますでしょうか」と、先方の意向を確認したうえで待ってもらう。長びきそうだったり、先方が携帯電話や長距離電話の場合は、「終わりしだい、こちらからお電話いたしましょうか」「私でよろしければご用件をうかがいますが」と意向を聞く。

②「待つ」と言ったら電話中の本人にメモで知らせ、もし電話が長びくようであれば（２分以上は放置しない）あらためて意向を聞く。

③折り返し電話をしてほしいと頼まれたなら、先方の電話番号、会社名、所属部署、氏名を確認し、メモしておく。

④用件や伝言を頼まれたなら、必ずメモをとり、復唱して、「かしこまりました。Cに申し伝えます。私、Aと申します」と責任の所在を明確にしておく。

▼本人があいにく会議（来客）中……

①「申し訳ありません。Cはただいま会議（来客）中ですが、お急ぎでしょうか」と丁寧に聞き、急用でないかぎりは「終わりしだい、

A 予報時間内の４分の１未満が雨のときを「一時雨」、２分の１未満のときを「ときどき雨」。「ときどき雨」のほうが降る時間が長い。

こちらからご連絡いたします」「よろしければご用件をうかがって
おきますが」と連絡先・伝言などをメモする。

②急用の場合は、「お話し中、失礼いたします」と言って、本人に電話
相手の社名・氏名などのメモを見せ、指示を仰ぐ。

▼本人があいにく不在中……

①「ただいま外出して（席をはずして）おります」「本日は出張して
おります」と丁寧に不在の旨とその理由を伝える。

②帰社時刻、出社日がわかっていれば「○時（○日）には戻る（出社
の）予定です」、わからない場合は「お昼ごろ」「夕方には」とだ
いたいの予定を告げる。

③そのうえで、「戻り（出社、連絡が入り）しだい、こちらからお電
話いたしましょうか」「よろしければご用件をうかがっておきます
が」と相手の意向を聞く。

④あらためて電話するということであれば、確実な時刻（日）を知ら
せ、本人にも電話があった旨を必ず連絡する。

その他の電話応対のポイント

▼外出中の上司（同僚）から電話が入ったら……

①第一声は「お疲れさまです（でございます）」。

②用件を頼まれたなら、メモをとり、最後に復唱して確認を。

③「何か連絡は？」と聞かれたら、「確かめますのでしばらくお待ち
ください」と言って、机の上の伝言メモを読む。また、念のため
に、周囲の人に連絡事項がないかを確認すること。

▼苦情の電話を受けたら……

①電話口でいきなり怒鳴られても、「申し訳ございません」ととりあ
えずお詫びし、「ただいま担当の者と代わりますので、少々お待ち
ください」としかるべき人に取り次ぐ。

②自分への苦情電話なら、とりあえずお詫びし、「はい」「さようで
ございますか」と肯定的なあいづちを打ちながら、最後まで話を
聞く。たとえ非がなくても、途中で決して言葉を返さない。

③先方が話し終えたら、「では、急いで調査し、お返事させていただ
きます」と調査の約束をする。

「ナチュラルチーズ」と「プロセスチーズ」。
さて、その違いは何？

Q

来客の迎え方・取り次ぎ方

　　ビジネスでお客様の応対はたいへん重要なものです。基本は、①気持ちよく、②礼儀正しく、③お待たせしないの３つ。不意の来客にもきちんと対応できるよう、常にお客様の目を意識し、身だしなみやマナーを普段から心がけておきましょう。

▼お客様が来られたら

①初対面の方でも立ち上がって「いらっしゃいませ」と笑顔であいさつする。特に受付がない場合、入口で誰に声をかけたらいいのか迷ってしまうもの。知らぬふりをせず、「どういうご用件でしょうか」「誰をお訪ねでしょうか」とこちらから親切にたずねよう。

②「A課長にお目にかかりたいのですが。私、○○機械のBと申します」と名乗られたら、「○○機械のB様ですね」と社名と氏名を復唱し、「少々お待ちください」と名指し人に取り次ぐ。

③名刺を出されたなら、両手を添えて受け取り、「○○機械のB様ですね」と読み方等を確認のうえ、名指し人に渡して取り次ぐ。読みにくい社名・氏名は「恐れ入りますが（失礼ですが）、なんとお読みするのでしょうか」と聞いてもさしつかえない。

④名乗りもされず、名刺も出されないときは、「失礼ですが、どちらさまでしょうか」と礼を失しないようにうかがう。

⑤事情によっては、名指し人が会いたくない場合もある。在社か否かは即答せず、その人に連絡し、指示を仰いだほうが無難。

⑥来客の予約を受けていたなら「お待ちしておりました」、もし約束の時間に遅れて来られた場合は「うけたまわっております」とあいさつするとより好印象。

▼名指し人が不在

①「申し訳ございません。あいにくA（呼び捨てにする）は出かけております」と不在の旨を丁寧に伝え、「何かご伝言がございましたらうけたまわりますが」「戻りましたら、お電話をさしあげるように申し伝えますが」と意向をうかがう。

②伝言を頼まれたなら、５W１H（82ページ参照）の要領で正確にメモをとり、復唱して必ず確認をとっておく。そのうえで、「かしこまりました。Aに申し伝えます。私は営業のCと申します」と責任をもって伝えることを約束する。

A １種類または数種類のナチュラルチーズを原料に、乳化剤などを加えて固めたのがプロセスチーズ。いわば二次加工品。

③電話の依頼があれば、どこに連絡すればいいのか、社名、部署名、氏名、電話番号をもう一度確認しておく。

④書類や荷物の受け取りを頼まれたときは、重要なものならお客様の目の前で中身をチェックし、確認しておく。

▼取り次ぐ手順は

①お客様の社名・氏名などを確かめたうえ、どの部署の誰に、どういう用件で来られたかを丁寧に聞く。特に初めて来社された場合は、「どのようなご用件でしょうか」と失礼にならないように聞き、「少々お待ちください」と名指し人に連絡をとる。

②「○○会社のB様が××の件でお見えです」と連絡し、「応接室へお通しして」とか「すぐ行くから」などの指示があれば、それにもとづいて「ただいまこちらへまいりますので、少々お待ちください」などと応対する。

③「営業の方にお目にかかりたいのですが」と特定の相手を指名せずに来社された場合は、「どのようなご用件でしょうか」と丁寧に用件を聞き、それに最も適切と思われる部署へ連絡して指示を仰ぐ。会うということなら、「お待たせしました。営業二課のEがお目にかかります」と伝え、面談場所へ案内する。

●**使える応対の言葉づかい**
- 誰→どちらさま
- 悪いけれど→申し訳ございませんが、恐れ入りますが
- すみませんが→申し訳ございませんが、お手数ですが
- 言っておきます→申し伝えます
- いますぐ来ます（行きます）→ただいままいります
- できません→いたしかねます
- 電話してください→お電話をお願いします
- どうもすみません→申し訳ございません、失礼いたしました、気がつきませんでした、ご迷惑をおかけしました
- 来てください→おいでください、お越しください
- 知っていますか→ご存じでしょうか、おわかりでしょうか
- なんですか→もう一度おっしゃっていただけませんでしょうか
- そうですか→さようでございますか

保存食として使われる「コンビーフ」の缶詰。
なぜ、缶の形は台形なのか？

Q

案内の仕方

▼来社の予約を受けたら

ただ待っているだけでは心くばりに欠けます。お客様の身になって、次の手順を。

①まず受付に「何時に○○会社のBさんがお見えになるので」と連絡しておく。受付では「お待ちしておりました」と親切な出迎えができ、お客様の印象もよくなる。

②受付の係が案内までしてくれるなら、「第一応接室にお通ししてください」と頼み、前もって部屋を確保しておく。

③受付の案内が無理なら、自ら出迎え、案内しよう。

④受付がない場合は、オフィスの入口近くにいる人に、何時に誰が来るかを連絡しておき、取り次ぎを頼んでおく。また、約束の時間が近づいたなら、たえず入口に注意して待とう。

⑤来社予定時刻までに仕事の区切りをつけ、お客様を待たせない。

▼お客様を案内するときは

①廊下……完全に後ろ姿を見せないよう、お客様の2～3歩斜め前を半身になって歩く。曲がり角などでは「こちらでございます」と、手のひらを上に向けて、進むべき方向を示す。

②階段……諸説があるが、上るときはお客様の後ろ、下りるときはお客様の前、つまり、上り下りともお客様の下で案内すれば、万一階段を踏みはずされても手を差しのべられる。

③エレベーター……お客様に先に乗ってもらい、先に降りてもらうのが原則だが、無人のエレベーターの場合は「失礼します」と言って先に乗り、「開」のボタンを押して待つ。降りるときは「どうぞ」と先に降りてもらい、そのあとに従う。

④応接室……まず軽くノックし、人がいないのを確かめたら、外開きのドアは大きく開いてお客様を先に、内開きのドアは自分が先に入ってドアを押さえ、お客様を招き入れる。中に入ったら、「どうぞこちらへ」と上座を勧め、お客様が座られてから座る。

▼お客様を見送るときは

エレベーターでは、「開」のボタンを押して乗ってもらい、ドアが閉まりはじめたら、丁寧にお辞儀します。車を見送る場合は、車が見えなくなるまで軽く会釈をしたほうがいいでしょう。

A 南北戦争時代のアメリカで、大量に輸送するときにより多くの缶詰をむだなく積み込むためだったと言われている。

お茶の出し方

出し方の順序

①お客様が着席されたら、5分以内に出す。

②運ぶときはお盆を胸の高さに持ち、こぼさないよう静かに歩く。

③応接室に入るときは、軽くノックをし、中へ入ったら両足を揃えて、「失礼します」と会釈する。このとき、長い髪がバサッと前に流れないように要注意。

④テーブルの手前1メートルくらいに近づいたところで、「いらっしゃいませ」とあいさつし、サイドテーブルにお盆を置いて、一人ずつ出す。サイドテーブルがない場合は、左手にお盆を持ち、右手で茶托を持ちながら出すとよい。

⑤出す順番は地位の高い人（上座）から順に。自社の人に配るときも同じ要領で出す。

⑥出すときは、まずテーブル脇に両足を揃えて立ち、次に片方の足を半歩ほど引いて安定させてから、沈むような感じで膝を曲げ、茶托を静かに置くと美しく見える。

⑦配り終えたなら、左脇にはさむようにお盆を持ち、2歩下がって両足を揃え「どうぞ」と軽くお辞儀する。

茶碗・茶托の向き

①表側にポイント柄がある茶碗はその柄をお客様の側に。

②茶碗の内側にポイント柄があるものは柄が向こう正面にくるように。

③木目のある茶托は木目をお客様に対して横向きに。

④お菓子を添えるときは、お客様から見てお茶の左に。

- お茶は右側.
- お菓子は左側. お茶より少し手前に置くとよい.

茶托の木目は横

湯のみや茶碗の底にはたいてい足（高台）がついている。これは何のためか？　デザイン上の理由だけではない。

訪問の心得

必ずアポイントを

　訪問の前には、まずアポイント(訪問予約)をとります。不意に訪問すれば、先方が不在や多忙で会えないかもしれません。それでは時間・経費がムダになるだけですし、たとえ時間を割いて会ってくれたとしても、先方は迷惑しているかもしれません。

▼アポイントの基本

①訪問の目的、日時、所要時間、氏名、人数を事前に伝え、OKであれば必ずスケジュール表に記入する(記入しておかないと、忘れる可能性がある)。

②日時の調整はこちらの一方的な都合を押しつけるのではなく、なるべく先方の希望にそうよう努力する。

③訪問の当日、念には念を入れ再度先方の都合を確認する。

④万一、こちらの都合でキャンセルせざるを得ない場合は、すぐに先方に連絡し、お詫びする。

▼訪問前の準備

①訪問先の会社の業務内容、担当者名、役職をあらかじめ確認し、必要な資料があれば用意しておく。

②訪問先までの交通機関、所要時間、車で行く場合は道順、交通事情、駐車場の有無を前もって調べておく。

▼訪問当日の心得

①あらかじめ調べておいた所要時間に20分ほど余裕をプラスして、約束の時刻の5分前には到着する。

②早すぎる訪問は先方に迷惑をかけるおそれがあり、ギリギリに息せき切って飛び込むのもみっともない。目的地にやや早めに着き、余裕を持って5分前に受付へ行くようにしよう。

③受付での印象がまず大事。ネクタイが緩んだり、曲がったりしていないか、スーツのボタンがかかっているかなど、身だしなみを整えてから受付へ向かう。次いで「私、××商事の○○と申しますが……」と自分の社名と名前を名乗る。そして、何時に、どこの部署の誰と、どういう用件で約束したか、約束の時間、訪問する人の名前と部署、用件をはっきりと告げ、取り次いでもらう。

 焼くときの収縮による変形を防ぐため。足をつけて底の接触面積を減らすと抵抗が少なくなり、ひずみが生じない。

▼約束の時間に遅れそうなときは

①ビジネスの世界では約束を守るのが鉄則。事故などやむを得ない事情で間に合いそうにもないときは、必ず約束の時刻の前にできるだけ早くお詫びとことわりの電話を入れる。

②電話では、現在どういう状況であり、何分くらい遅れるかなどを簡潔に説明し、「いかがいたしましょう」と先方の判断を仰ぐ。

訪問先でのルールとマナー

▼応接室では

①入口に近い下座に座り、必要書類の点検、名刺の用意などをしながら静かに待つ。室内を歩き回ったり、装飾品や本に触れないこと。携帯電話はマナーモードにしておく。

②先方が見えたらすぐに立ち上がり、丁寧にお辞儀とあいさつをして、名刺交換する。手土産があれば、このときに渡す。

③先方が勧めてから着席する。上座を勧められたらお礼を述べて、素直に従う。茶菓子も勧められてからいただく。

④面談中はイスに浅く腰をかけ、背筋を伸ばして、上半身をやや前方に置く。足を組む、貧乏ゆすりをする、腕を組む、深く腰をかけて背にもたれるなどは印象がよくないので要注意。

▼面談上のポイント

①順序だてて要領よく、先方の目を見ながらハキハキと話す。

②話は最後まで聞き、重要な点はメモをとり最後に確認を。

③会社を代表している以上、「私ども」または「弊社」という形で話すのが基本。

④権限外や判断に余る用件は、帰ってから上司（担当者）と相談するようにし、勝手な結論を避けること。

⑤面談を終えたら、「本日はありがとうございました」とお礼を述べて速やかに辞去する。

順序だてて
ハキハキと！

目を見て！

白樺やトウモロコシの芯から作られる人工甘味料・キシリトール。
虫歯を治すって本当？

出張の心得

出張準備のポイント

　出張に成功するうえでいちばん大事なのは、綿密な計画の立案です。出張に出る前からすでに出張は始まっていると心得ましょう。

①出張の目的に合わせ、関係先にアポイントをとる。

②目的地までの交通機関を調べる。

③その交通機関の発着時刻を調べ、約束の時間よりは余裕をみて、予約または切符の手配をする。

④宿泊する場合は、次の日のスケジュールに最も適した宿泊場所を早めに予約する。予約なしに行き、万一満室で遠方に宿泊することになれば、翌日のスケジュールにも影響しかねない。

⑤必要な書類・名刺などを取り揃える。

⑥旅費・宿泊費など必要経費を概算し、仮払いを受ける。

⑦不在中の連絡・問い合わせなどにどう対処するかを考え、しかるべき人に代行の依頼なり、相談をしておく。

▼出張の持ち物チェックリスト

□出張目的に必要な書類(契約書・名刺・パンフレットなど)

□封筒・ハガキ・便箋・切手(面会者に礼状を書くため)

□メモ用紙・レポート用紙(報告書作成など)と筆記用具・計算用具

□洗面用具(宿泊施設にたいてい揃っているが念のため)

□化粧用具(スキンケア・整髪料など)

□衣類(ワイシャツ・靴下・下着・必要によっては洋服も)

□身だしなみ用品(ティッシュ・ハンカチ〈できれば2枚以上〉など)

□常備薬(胃腸薬・頭痛薬・酔い止めなど)

□現金(仮払いだけでは心細く、カードが使えない場合もある)

□携帯電話、パソコン(充電器なども忘れずに)

□地図・時刻表(ネットが使えないとき役立つ)

宿泊先でのマナー

　出張はあくまで仕事。観光や遊びが目的ではありません。訪問の心得(66ページ)を守って完璧に仕事を行なうとともに、宿泊先でも会社に属する個人としての誇りを忘れず、節度ある行動を心がけましょう。

A 虫歯の原因にならないだけで、治す力はない。「キシリトール配合」と表示された菓子は砂糖も入っており、虫歯の原因に。

▼ホテルでは

①廊下は公衆の道路と同じで、スリッパや肌着姿で歩くのはマナー違反。食堂・ロビーはもちろん、廊下でもきちんと靴を履き、服装を整えて歩くこと。

②訪問客との面会は部屋ではなくロビーでする。

③ユニットバスでは、湯が飛ばないようシャワーカーテンを浴槽の内側に引き、浴槽内で体を洗う。浴槽の汚れはシャワーを使って洗い流しておく。

④タオルなど室内の備品は持ち帰らない。

▼旅館では

①旅館内は浴衣姿でどこでも歩けるが、プライベートではないので節度は守る。

②24時間出入りが自由でないところが少なくない。外出したときは遅くならないように配慮する。

③貴重品は室内の金庫に入れるか、フロントに預けたほうが無難。

④大浴場を利用する場合は入浴のマナーを守る。

●カプセルホテル利用法

[スタンダードな泊まり方]

①宿泊料は前金で払い、フロントでロッカーの鍵を受け取る。

②服も荷物もロッカーにしまい、支給のガウンとサウナパンツに。

③サウナや大浴場で疲れをとったら、いざカプセルに。

[カプセルホテル大別]

＜ビジネスホテル型＞　デスクワークコーナーやモーニングコールなどのサービスが特徴。ホテルによってはシングルルームのあるところも。ただし、設備はいたって簡素。

＜健康ランド型＞　多種類の入浴施設を備え、休憩室に工夫を凝らしているのが特徴。レストランのあるところも多く、食事も楽しめる。とはいえ、その分料金は高め。

[知っていても損じゃない話]

・できれば予約を（飛び込みでも夜11時ごろまでならまずOK）。

・縦入れ型よりは横入れ型ベッド（入りやすさがちょっと違う）。

・男性専用の施設が多いが、女性専用フロアを設けているところも。

高気密化の進んだビル・住宅の中で体の不調が起きる"シックビル症候群"。直接の原因と考えられているのは？

ビジネス基礎知識

名刺交換のポイント

名刺の渡し方

▼渡す前に

①常に10枚以上は名刺入れに入れておき、内ポケットなど決まった場所に用意しておく。

②古い名刺、メモ代わりに使った名刺は事前に取り出しておくこと。別の電話番号を書いた名刺を出すなどは恥ずかしい行為である。

③読みにくい姓名、読み誤りやすい姓名には、あらかじめふりがなをふっておく心づかいがほしい。

▼渡すときは

①ネクタイやスーツを整え、必ずきちんと立って姿勢を正して渡す。

②先方が出してから急いで名刺入れを取り出すのは見苦しい。いつでも渡せる態勢で待とう。

③訪問先・お得意先・年長者にはこちらから先に出すのが礼儀。

④氏名が読めるように相手に向け、「○○会社の××と申します」と社名・氏名を名乗りながら軽く腰をかがめて渡すとよい。

⑤渡すのは右手が基本。左手を添えるとより丁寧。

■渡し方

"○○と申します"

相手の方へ向けて出す

名刺の受け取り方

▼受け取るときは

①両手で受け取るのが基本。同時の交換なら、右手で渡して左手で受け取り、空けば右手を添える。

②先方の氏名に指がかからないよう端を持とう。

■受け取り方

相手の名前に指をかけない

読み方がわからないときははずかしがらずにたずねよう

A ガス機器等の CO_2、CO、NO_x。洗剤、有機溶剤、タバコの浮遊塵、ガラスの繊維、水の汚染など。換気の重要性を知ろう。

③「頂戴します」と一礼して受け取る。

④すばやく名刺に目を通し、役職名、氏名を覚える。読み方がわかりにくいときは、「恐れ入りますが、なんとお読みするのでしょうか」と率直にたずね、正しい読み方を確認しても失礼にはならない。

⑤役職名、氏名を確認し、名刺入れの上に置く。しまうときは、できれば自分の名刺とは違う箇所に入れたほうが整理にも便利。

⑥複数の人と面会したならば、受け取った名刺を席順に並べて置く。しまうときは、上位の人が一番上になるように入れる。

名刺の整理術

　名刺は人脈と情報のネットワークのタネです。きちんと整理し、暑中見舞いや年賀状をこまめに出すなど、社内外の人的ネットワークづくりに活用すれば、会社生活もグッと幅が広がります。

▼整理する前に

①読みにくい氏名、読み誤りやすい氏名には、記憶が新しいうちにふりがなを。

②いつ、どこで名刺交換したのか、場所と日時と用件、どういうタイプの人だったか、外見上の特徴などを裏面に書いておくと、あとで思い出すのに便利。

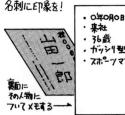

名刺に印象を！

・〇年〇月〇日
・来社
・36歳
・ガッシリ型
・スポーツマン

裏面にその人物についてメモする→

③つきあいが深まっていくにしたがって、趣味、生年月日、家族関係、出身校、出身地など個人情報をメモ用紙に書き加えていき、名刺とともにファイルしておくといっそう役に立つ。

▼上手な整理のコツは

①もらったその日にファイリング、あるいはデータ化。

②取引先・得意先・仕入先など仕事関係で分類し、50音順に整理。

③進行中の仕事関係の名刺は別にファイルしておくと便利。

④半年か1年ごとに点検し、不要なものはシュレッダーなどで処分。

⑤肩書き、住所、電話番号などの変更があれば、新しいものを。

テレビのニュースを見ていると、手錠をかけられた被疑者の手の部分には布がかぶせられている。さて、それはなぜ？

 Q

指示・命令の受け方

新入社員の間は、上司や先輩から指示・命令を受けて仕事をするのが普通です。いわば指示・命令は仕事の始まり。正しい受け方を身につけ、確実に仕事をやり遂げましょう。

▼指示・命令の受け方・聞き方

①「○○君(さん)」と上司から呼ばれたら、「はい」と明るく大きな声で返事をし、メモ用紙と筆記用具を手にして席に行く。

②上司の話は疑問や矛盾があっても、とりあえず最後まで聞く。

③黙って聞いていたのでは、上司は「わかっているのだろうか」と不安になるもの。「はい」とあいづちを打ち、共感を示そう。

④簡単な用件ならともかく、複雑な用件は5W2Hを押さえながら、必ずメモをとること。

⑤上司が説明を終えたら、「1つ(いくつか)よろしいでしょうか」と疑問点、不明点をただす。特に、何を、どういう方法で、いつまでにするのかはきちんと確認しておくこと。疑問点を残し、わかったつもりで曖昧(あいまい)なまま引き受けてミスをすれば、かえって迷惑をかけることになる。

⑥最後に、5W2Hをふまえつつ要点を復唱する。上司も正しく伝わったかどうかを確認できるので、必ず励行しよう。

▼命令の型による受け方

①指示型……「A君、この書類をすぐに総務へ届けてくれ」。急用の場合に多いので、黙って忠実に実行しよう。

②依頼型……「A君、これを参考に会議の資料を作成してくれないか」。最も多い型で、命令に多少の創意工夫を加えた実行が期待されている。

③勧誘型……「僕はこう思うんだが、君だったらどうするかね」。意欲が試されている。前向きにチャレンジしよう。

●5W2Hは仕事の武器

会社生活では常に具体性が求められる。その武器となるのが5W2H。文書の書き方、報告の仕方などに大いに活用しよう。

What=何を(するのか)
Why=何のために(するのか)
Where=どこで(するのか)
　　　どこへ(行くのか)
When=いつ(までにするのか)
Who=誰が/誰と(するのか)
How=どのようにして(するのか)
How much=いくらで(するのか)

A　昭和32年国家公安委員会規則第二号に、手錠の使用にあたっては「衆目に触れないように」と記されているから。

④暗示型……「この資料、もう少し見やすくしたいんだがね」。ほのめかされた真意を察知し、「では、考えてみます」と進んで取り組み、提案しよう。

このほか、「今度の週末、誰か出てきてくれないかな」といった募集型、「A君、この件について何かいい案を考えてくれないかな」といった協力依頼型もあります。命令はこうしたさまざまな型でなされるので、臨機応変に対応するようにしましょう。

▼命令の優先順位

直属の上司を飛び越して、いきなりその上の上司から「ちょっとこれやってくれないか」と頼まれるケースがあるかもしれません。「命令系統の統一」が組織の原則である以上、仕事の命令を受けるのは基本的に直属の上司のみ。飛び越し命令は筋違いなのですが、

・緊急を要する仕事
・前もって直属の上司の了解を得てある仕事
・直属の上司が不在の場合

などはその限りではありません。その場合でも、

①事前に、不在の場合は事後に、必ず直属の上司に報告する。
②直属の上司から指示された仕事とどちらを優先させるべきか判断に迷うときは、その旨を説明し、判断を仰ぐ。

●上手な叱られ方

ミスをして叱られるのは嫌なものだが、叱るほうもあまり気分のいいものではない。同じ叱られるのなら、上手に叱られよう。

①まず素直に謝れ
「でも」とか「しかし」とかゴチャゴチャ言い訳しない。いかなる事情があろうとも、「申し訳ございません」と素直に謝る。

②叱るのも上司の仕事と知れ
上司は成長してほしいと思うから、ミスを指摘し、反省を促しているのである。部下指導の1つとして、率直に受け止めよう。

③真面目な態度で聞け
ふくれたり、あらぬ方向や時計をチラチラ見るのは反感を買うだけ。足を揃えた正しい姿勢で、少しうつむき加減で聞く。

④根に持つな
反省は反省として、叱られたあとはすねたりせず、明るく振舞うと上司も救われ、信頼感が増す。

企画づくりに報告書づくりなど、集中して考えごとをするとお腹が減るのはなぜ？

報告・連絡・相談の仕方

ホウレンソウは仕事の潤滑油

　報告・連絡・相談はそれぞれの頭文字をとって、「ホウレンソウ」と呼ばれます。仕事をスムーズに進めていくうえで、このホウレンソウはなくてはならない潤滑油で、また、仕事上での問題が生じた場合も解決するのに役立ちます。

▼ホウレンソウの基本ポイント

①早めに、こまめに行なう。

②悪い情報ほど早く伝える。

③事実をきちんと整理したうえで、結論(結果)から先に伝える。

④場合によっては、自分の意見も加味する。

報告の基本心得

　命令は報告してはじめて完了します。「こんな簡単なことはわざわざ報告するまでもないだろう」と放っておくと、命令を出した上司は「きちんとやってくれただろうか」と不安になるもの。命令と報告は一対です。命令されたら報告するのが義務と心得ましょう。

▼上手な報告の仕方は

①催促される前に、命令した上司に直接報告する。

②上司が知りたいのは結果であり結論である。まず結論を述べ、次になぜそうなったかという理由を話し、経過はその後でよい。

③事実にもとづいて、５Ｗ２Ｈを活用しつつ、具体的に、しかも簡潔に、必要なことは細大もらさずありのまま報告する。

④報告に自分の判断・意見を盛り込む場合は必ず事実と区別して伝える。

▼長びきそうなら中間報告

①期間の長い仕事、複雑な仕事は、やり終えてからではなく、途中で経過報告、中間報告をすると、上司も安心し、アドバイスももらえるので、仕事がスムーズに進む。

②間際になって「できない」では、あまりに無責任。計画どおりに進まないようなら、早めに報告し、相談する。

③何かトラブルやミスが生じたときは、上司が的確な善後策・解決策を打つためにも、すぐに報告する。

A 脳はエネルギーを大量に使う器官だから。消費エネルギーは体全体の18％、酸素消費量はなんと体全体の40％。

2

連絡の基本心得

　連絡ミスが時として大きな事故を招きます。手が空いたらとか、いずれそのうちにと安易に考え、放っておくのはミスのもと。連絡事項をどの部署の誰に（複数の場合も）いちばん早く知らせるべきかをふまえて、すみやかに連絡するようにしましょう。

▼上手な連絡の仕方は

①5W2Hで連絡すべき内容を具体的に把握し、伝える。

②口頭では言った言わないと後でもめるもと。正確を期するためにも、連絡事項を文書にまとめて伝えるほうがよい。

③できるだけ当人に直接知らせる。

④当人が不在のため伝言を依頼したときは、依頼した人の名前を必ず確認しておく。

⑤返事が必要なときはその旨を伝え、「誰に」「いつまでに」「どんな方法で」するのかをきちんと連絡する。

⑥他の人に伝言を依頼したり、連絡メモを机に置いておいたときは、当人が戻ってきたら、「○○さんに言づけておいたのですが……」などと念のため当人に確認をする。

▼連絡メモはコミュニケーションのツール

①社内指定の連絡メモがあれば、それに書く。

②いつ、誰が、どういう用件で、どうしたのか、また、どうしてほしいのかが一目でわかるよう簡潔にメモする。

③メモした自分の氏名と受付時刻を必ず記入。

④書類に紛れ込んだり、風で飛ばないよう、目にとまりやすい場所に、重しをして置いておく。

連　絡　メ　モ	殿
年　月　日　午前 　　　　　午後　時　分	

□からお電話ありました

_____ 様　□がお越しになりました

□その他

用件：

□お電話ください（　）　—

□お電話します

□その他

受：

相談の基本心得

　仕事を進めていく過程で、困ったことや判断に迷うようなことに直面する場合があります。そんなときは、自分1人で解決しようとはせず、上司や先輩、同僚に相談することです。

▼相談の3つのケース

①判断を仰ぐ……「課長、お得意先のB社から5％の値引きを頼まれたんですけど、どうしたらいいでしょうか」と、判断に余る問題は相談の形で上司の判断を仰ぐとよい。

②お願いをする……「主任、新商品の市場調査に予算をかけたいのですが……」と相談の形をとりながら、自分の意見が通りやすいように事前にお願いをする。

③解決策をさぐる……「何かいい案はないでしょうか」と他のメンバーと話し合い、よい解決策を探っていく。

▼上手な相談の仕方は

①的確な判断ができるよう、その根拠となる事実や現在の状況など前提条件を、5W2Hをふまえて正直にありのまま話す。

②自分なりの解決策はいちおう用意しておく。

③特にお願いの相談では、切り口を変えて粘り強くトライする。

④相談した以上、その問題の結果は必ず相談者に報告する。

●トラブル・クレーム処理の原則

★すぐに電話を掛けるか、かけつける。放っておけばおくほど、問題が大きくなり、こじれる。まず、誠意を示そう。

★先方の言い分をよく聞き、クレームの中身と状況を把握する。

★「申し訳ありません」と素直に謝る。責任転嫁や言い訳はこじれるもと。苦情を黙って引き受ける勇気を持とう。

★可能なかぎりの解決策を示す。ただし、判断しかねる場合は、「帰って上司と相談します」と解決の約束をするほうがよい。その場逃れでできそうもない約束をするのは不信を招くだけ。

★「お知らせくださりありがとうございました」と感謝でしめくくり、約束したことを早急に行ない、結果は必ず連絡する。

 英語の「コンパニー」（会合、交際）からきている言葉。それが変化して、気の合う者同士が集まることを指すようになった。

会議参加の心得

　ミーティングや営業会議、企画会議など、仕事には会議がつきものです。そこで決定したことは参加者全員の共同の責任。黙って座っているだけではなく、積極的に参加することが大切です。

▼会議への参加に際しては

①何日の、何時に、どこで行なわれるのかをチェックし、開始時刻の５分前には着席を。携帯電話はマナーモードにしておく。

②議題も知らずに出席するのは組織人として失格。できれば、議題について資料などを前もって準備し、発言内容もメモしておく。

③資料のほかに、メモ用紙、ノート、筆記具を必ず持参。

▼会議中は

①発言者の話には真剣に耳を傾ける。私語や居眠り、携帯メールはマナー違反。

②発言するときは要点を簡潔に述べる。ピントはずれやダラダラ発言は会議を長引かせるだけ。

③賛否を求められたら、イエス・ノーをはっきり言う。

④反対意見を述べる場合は、事実に基づいた理由を挙げる。感情的な反対は会議のムードを悪くするもと。

●ビジネス３原則＆５つのビジネス意識

〔ビジネス３原則〕

1. 正確に仕事を行なう
2. 迅速に仕事を行なう
3. 丁寧に仕事を行なう

〔５つのビジネス意識〕

1. 能率意識……ムダ・ムラ・ムリの「３ム」をなくす。
2. 原価意識……伝票１枚、コピー１回など仕事にかかわる材料、備品、時間、人間のすべてにお金がかかっている。
3. 改善意識……もっと楽に早く安くできる方法はないかを常に考えマンネリを打破する。
4. 顧客意識……お客様を意識し、お客様を大切にした仕事をする。
5. 協同意識……一人ひとりが責任を持ちつつ、協同で目標達成に努力するチームプレーが大切である。

私たちの生活には欠かせないネジ。すべて「右回し」で締まるのはなぜ？

ＰＤＣＡ

「ＰＤＣＡ」とは

仕事の進め方として、次の4つのステップを絶えず繰り返すことが大切です。

①まず周到な計画を立てる。（Plan）

②次にそれを積極的に実施する。（Do）

③実施して何か問題がないかどうか確認する。（Check）

④検討したものを修正・改善して処置する。（Action）

■ＰＤＣＡのサイクル

この仕事の進め方のステップを、それぞれの英語の頭文字をとって「ＰＤＣＡ」と呼んでいます。「Check」のかわりに「See」を用いて、「計画・実施・検討」、すなわち「Plan-Do-See（プラン・ドゥー・シー）」という言い方をする場合もあります。

「ＰＤＣＡ」はまた、「マネジメントサイクル」とも呼ばれ、経営管理（マネジメント）に活用されているほか、「デミングサイクル」として問題解決の手順にも利用されています。

▼計画立案の5ステップ

①目的をつかむ………目的に沿ってできるだけ具体的な目標を。

②事実を集める………納期は？　人員は？　予算は？　など。

③事実を検討する……もれがないか、いらないものはないかなど。

④計画案を作成する……できれば変更が利く弾力的な案を数案。

⑤計画の中身を検討し、最終案を作成する……"叩き台"の案で、目的達成は可能か、会社や上司の考え・方針と合致しているか、実行は可能か、費用、他部署の協力はOKかなどをチェック。

▼計画実行のポイント

①計画ができれば、すぐに実行する。

②前もって段取りをつけ、時間を有効に活用する。

③むずかしいものから集中して、先に取りかかる。

④途中でチェックを行ない、問題があれば上司に相談する。

A 右回しの動きのほうが、強い力を出せるため（右ききの場合）。上腕二頭筋がより強く働き、ネジをしっかり締めることができる。

社用パソコン使用の心得

使用上の注意点

　近年は社員1人に1台のパソコンが支給されることが多いですが、あくまで仕事用のものであることを意識しておきましょう。

・会社によっては、パソコンの使用状況をチェックされています。個人的なメールの送受信、アプリのダウンロード、仕事に関係のないWEBの閲覧などは厳重な注意の対象となります。

・作成したファイルは、誰が見ても内容がわかる名前をつけ、仕事の内容によってフォルダを分けるなど、パソコン内の整理整頓は欠かさないこと。

・メールの添付ファイルを開いたり、私用のUSBメモリを使用したりすることは、ウイルス感染のリスクがあることを常に意識しましょう。ネットワークを介して社内に広がれば被害は甚大です。顧客名簿など個人情報が漏洩すれば、会社の信用にも関わる大問題となります。

・ビジネスの関係は複雑です。一斉送信する際は、全送信先のアドレスが表示されないBCCか、表示されるCCか、しっかりと使い分けましょう。誤送信は大きなトラブルに発展することもあるので、宛先名・アドレスは送信の前に必ず確認を。

・打ち合わせなどの際、パソコンでメモをとる場合は相手に許可を求めてからにしましょう。

報連相はなるべく口頭で

　報告や連絡の文書をメールでやり取りする会社も増えていますが、すべてメールですませるのは問題です。重要な報告、緊急の報告は口頭で伝えるか、メールを確認してもらえたか口頭での確認も怠らないのが鉄則です。また、メールでは微妙な感情や真意が伝わりにくいため、内容が複雑な場合ほど直接話をすることも大切です。

　遅刻や欠勤の連絡を、先輩や同僚へのメールだけですませるのもNG。会社へ電話を入れて遅刻・欠勤する旨とその理由を伝えるなど、職場のルールにしたがってください。

右側縦書き：
2　ビジネス基礎知識

普通の黒い鉛筆の軸は六角形のものがほとんどなのに、色鉛筆はなぜ丸くなっているのか。

スピーチの基本

スピーチの話題選び

スピーチの話題を選ぶ際は、以下のことをポイントに。

①聞き手と共通した話。
②身近に起こった親近感のある話。
③明るくてユーモアのある話。否定的な話より肯定的なものがよい。
④新鮮でホットな話題。
⑤逆に、繰り返し話された話題は興味を半減させる。
⑥下品な話より上品でさわやかな話。
⑦自分が強く印象に残っている話、いちばん訴えたいこと。

●話題探しのヒント

★シ （仕事）
★タ （旅）
★シ （出身地・出身校）
★キ （季節・天候）
★ナ （仲間・知人）
★カ （家族・家庭）
★ニ （ニュース・新しいもの）
★ハ・ワ （ハズバンド・ワイフ）
★サ （サスペンス＝気がかりになること、気がかりになる話の進め方）
★ケ （健康・病気・薬）
★ト （道楽・趣味・得意なもの）
★セ （性・男女関係・恋愛・結婚）
★イ （生きる・死）

話題のタブーあれこれ

①鼻持ちならない自慢話。
②同席者が言い訳を必要とするような話。
③特定の人を非難・攻撃する話。
④議論になりそうな話。
⑤不吉な話。

A 黒の鉛筆と比べると色鉛筆の芯はやわらかく折れやすいので、落とした時の衝撃を均等に分散するため丸になっている。

左余白縦書き：2　ビジネス基礎知識

⑥不愉快にさせる話。
⑦不平、グチ。
⑧説教調の話。
⑨思想・政治・宗教の話。

　こうした話題は、1対1の会話でも気をつけるべきものです。ましてやスピーチは、大勢が相手です。どういう思想、信条の持ち主がいるかわからないのですから、話題の選び方には十分注意しましょう。

入社したときの自己紹介

　入社したときのあいさつは、初対面の人ばかりですので、出身地や趣味など自分を印象づける話を、ユーモアを込めて話すよう心がけましょう。あまり自慢めいた話は避け、むしろ、学生時代の失敗談や、能力の点で人よりも劣っていることを話すほうが好感を持たれます。そして、仕事への抱負を述べ、今後の指導を要請します。

◆モデルスピーチ

> 　私は、このたび当社に入社させていただきました田中三郎と申します。
> 　出身地は、北海道のまさにヘソにある旭川です。趣味は、これといったものはありませんが、無芸大食で、ラーメン屋の開店イベントで大盛りのラーメンを3杯食べ、タダにしてもらった経験があります。ただ、次の日は熱を出して、終日寝込んでしまいました。
> 　このように多少間の抜けたところのある私ですが、チャレンジ精神は旺盛で、どんな仕事でも精一杯取り組む覚悟でおりますので、大いに使ってください。
> 　とは申しましても、まだまだ右も左もわからない状況で、何かとご迷惑をおかけすることがあるかと思います。その際には、どうかご叱正、ご指導のほどよろしくお願い申しあげます。

21世紀のビジネスマンの必須条件といわれる「新三種の神器」。その3つとは、いったい何？ **Q**

ビジネス文書作成のコツ

　ビジネス文書には社内文書と社外文書とがあり、それぞれに決まった書式があります。この書式からはずれていては、いかに優れた文章でもビジネス文書としては失格です。基本のフォームにそって、手際よく書くことを最優先しましょう。

2

ビジネス基礎知識

文章の構成は「結・起・承」

　一般に、文章は「起承転結」で構成するのがよいとされます。しかし、ビジネス文書は用件を伝えるのが目的なので、「起」がだらだらと書かれていては、読む側はイライラするばかり。「結・起・承」で、常に読む側に立って書くことが基本といえるでしょう。
・「結」……まず、主題についての結論を明らかにする。
・「起」……結論に至る理由や経過を説明する。
・「承」……結論をうけて、自分の意見・提言を述べる。

上手な書き方のポイント

▼頭の中で整理する
①何について書くのか、主題を正しく認識する。
②相手に何を伝えたいのか、結論を明確にする。
③事実と自分の意見とをはっきり区別する。
▼展開の仕方を組み立てる
　「結・起・承」を基本に構成を考えていきますが、次のような点を心がけます。
①伝えたいことを、どのように順序だてるか。
②事実を正確に、筋道だてて。
③難しい言い回しは避け、わかりやすい言葉で。
④５Ｗ１Ｈ（Who, What, When, Why, Where, How）に"How much"を加えた５Ｗ２Ｈで。
⑤要点をおさえ、簡潔・的確に。
▼仕上げのチェックを忘れない
①固有名詞や数字に誤りはないか。
②誤字・脱字はないか。送り仮名は正しいか。
③文体は統一されているか。

　「英語力」「パソコン力」「（英米流の）会計財務知識」。これらを身につけておかなければ、将来取り残されるかも……。

社内文書の基本

社内文書は、当然のことながら社内における連絡や報告などが主たる目的。迅速さ・能率を最優先し、儀礼的色彩は最小限にとどめます。

社内文書の基本パターン

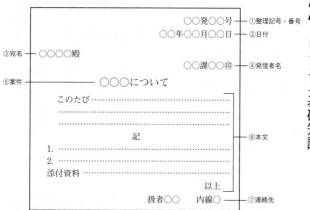

①整理記号・番号→部課、業務を表す記号と通し番号をつける。

②日付→「作成日」ではなく「発信日」。

③宛名→基本的には部署・役職名だけでよいが、個人名を入れる場合は2行に。複数の相手の場合は「各位」とする。

④発信者名→部署・名前を書き、末尾に押印。

⑤案件→「○○に関する通知」「○○○の依頼」と内容を明確にする。やや大きめの文字で、中央に。

⑥本文→儀礼的な前文は省く。敬語も最小限に。

・重要事項は、「記」として箇条書きにする。

・別紙添付資料があれば「添付資料○○部」と合計枚数を記入し、資料には「資料1、資料2」と番号をつける。

・文末は右寄せの「以上」で締めくくる。

⑦連絡先→問い合わせのため、内線番号などを記しておく。

パンダは中国語では「大熊猫」。では、日本語の和名では何という？　**Q**

社内文書のいろいろ

一口に社内文書といっても、報告書・レポート・伝達文書から始末書にいたるまで、実に数多くの種類があります。用途や目的に応じたフォームの使い分けが大切です。

▼報告書
①表題は必ずつける。
②結論から先に書く。
③ポイントを簡条書きにする。
④事実を優先させる。
⑤意見・提言があれば、最後にまとめて書く。
⑥必要に応じて、グラフ、図表を活用する。
⑦提出期日は厳守する。

▼レポート
①問題点を整理し、何が問題かを明示する。
②事実か推測か、自説か他説かの区別を明記する。
③データ、引用をつける場合は資料の出所を明らかにする。
④数字は正確に記す。

▼案内書
①何を伝えたいか、簡潔明瞭にまとめる。
②日時、場所、金額の数字などは正確に書く。
③丁寧すぎる紋切り型の表現は避け、日常的な「です・ます」調でわかりやすく書く。
④読み手を動かす一文があればベター。

◆報告書本文例

社外研修会参加報告書

このたび、下記のとおり社外研修会に参加しましたので、ご報告申しあげます。

記

1. 研修会名 「企業の人間関係」
2. 主催者名 ㈱東阪マネジメント
3. 講　師 産業開発経営大学　花村咲次郎准教授
4. 日　時 ○○年6月7日（金）午後2時～5時30分
5. 会　場 中之島会館 鶴の間
6. 概　要 企業内コミュニケーションの現状と問題点を示す。
7. 感　想 情報の伝達こそがコミュニケーションの骨格であるという着眼に、新鮮な驚きを感じた。この視点を、課内の活性化に役立てたい。

◆案内書本文例

各課連絡会議開催の件

下記のとおり各課連絡会議を開催しますので、ご出席ください。

記

1. 日時 7月1日（月）午前10時30分～正午
2. 場所 3階A会議室
3. 議題 (1)営業活動の見直し (2)人材の融通

A 「シロクログマ」。見たとおりの名前がついている。ちなみにパンダの学名は、Ailuropoda melanoleuca。

▼稟議書（起案書）

①上司におうかがいを立てる文書なので、言葉づかいに注意。

②稟議件名を明記する。

③理由、内容、目的を明記する。

④メリットを具体的に示す。

⑤支払いを伴うものは、金額、支払期日、方法、予算など、根拠を含めて明示する。

⑥実施要項、相手、実施期日など必要事項を書き忘れない。

⑦決裁欄を必ず設ける。

▼企画・提案書

①期待される成果など目標を明確に示す。

②豊富に資料・データを揃え、グラフ、図表、写真などの補助資料を添付して、説得力あるものにする。

③現状把握と分析、問題点、解決案、実行方法、手順などを列記する。

④実行可能な提出先を選ぶ。

▼始末書

①就業規則の禁止・制限事項に抵触した、会社に損害を与えたなど、過失の事実を明記。

②過失の状況や経過を書く。

③率直に反省を述べ、自己弁護を表さない。

④同じミスを繰り返さないことを誓う。

◆稟議書本文例

アルバイト増員の件

　掲題につき、下記のとおりおうかがい申しあげます。

記

1. 理由　店舗改装セールを円滑に実施するため、駐車場整理および商品運搬の人員を確保する。
2. 期間　9月19日(木)〜22日(日)
3. 人員　学生アルバイト20人
4. 手配　基本的に、現在のアルバイトからの紹介とする。
5. 給与　日給5,500円

以上

◆始末書本文例

始末書

　私は、○○年4月13日、○○○株式会社に××××の見積書を提出した際、見積金額の算定を間違えてしまいました。その結果、当社と○○○株式会社との間に取引停止という事態を発生させ、当社に多大な損害を与えることになりました。

　私はこのたびの不始末を深く反省し、心からお詫び申しあげるとともに、今後二度とこのような不始末を繰り返さないことを固くお誓い申しあげます。

2　ビジネス基礎知識

鉛筆やシャープペンシルの芯についている記号「H」や「B」は、それぞれ何を表しているか。

社外文書の基本

社内の業務を円滑に進めることを目的とする社内文書に対して、社外文書は会社を代表する重要な役割を持っています。ちょっとしたミスが、そのまま会社の信用失墜にもつながりますので、基本をしっかりマスターしましょう。

社外文書の基本パターン

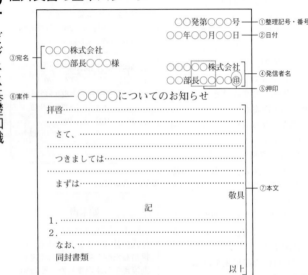

①整理記号・番号
②日付
③宛名
　○○○株式会社
　○○部長○○○様
④発信者名
　○○○○○○株式会社
　○○部長○○○○○㊞
⑤押印
⑥案件
　　　○○○○についてのお知らせ
⑦本文
　拝啓……
　さて、……
　つきましては……
　まずは……
　　　　　　　　　　　　　　敬具
　　　　　　　記
　1.……
　2.……
　なお、……
　同封書類
　　　　　　　　　　　　　　以上

①**整理記号・番号**→文書内容や種類別、部課・業務別、取引先別など分類に工夫すると、後で便利。

②**日付**→後日の確認のためにも、「発信」の年月日を明記する。

③**宛名**→社名は必ず正式名称を。敬称のつけ方は次ページ参照。

④**発信者名**→社名、職名、氏名など。住所は略す場合もある。

⑤**押印**→社名のみの場合は最後の一字にかかるように社印を押す。職名や氏名を併記する場合には、社印を中央に、職印や個人印を最後の一字にかかるように。

A Hは「Hard（硬い）」という意味、Bは「Black（黒い）」で、硬さと色の濃さをイメージしている。

⑥案件→「○○のお知らせ」「○○のお願い」などと、文書の内容を簡潔に、わかりやすく要約して書く。

⑦本文

・頭語と結語…決まった組み合わせと使い分けがあるので、それに準ずる(94ページ参照)。主文と違い、文頭の1字下げはしない。

・前文…時候や先方の繁栄、日頃の取引の感謝などのあいさつを述べる。慣用的なものがほとんど(94〜95ページ参照)。

・主文…改行して、「さて」「つきましては」で切り出す。当然のことながら、一番中心となる部分である。

・末文…要点を簡潔にまとめ、最後を締めくくるあいさつ文。慣用的な表現が多いので、利用するとよい(95ページ参照)。

・記(別記)…「1.日時、2.場所、3.用件」などと、本文中の主要な項目を箇条書きにして明示する。

・付記…「追って書き」「同封書類指示」などからなる。「追って書き」は、補足すべきことや本文中に書き忘れたことを、「追って」とか「なお」として書き足す。同封書類があるときは、その名称、枚数、番号を記入し、受け取る人がすぐに確認できるように明記しておく。

・文末…「以上」で結び、最後に担当者名、連絡先を入れることもある。

敬称のつけ方

　封筒や文書の宛名で、使い分けが難しいのが敬称。次の例を参考に、その原則を覚えておきましょう。

●宛先と敬称の原則

宛先	敬称	よくない例	正しい例
個人	様	○○○○殿	○○○○様
会社・団体	御中	株式会社○○様	株式会社○○御中
部・課	御中	××部○○課殿	××部○○課御中
複数	各位	××部○○課皆様	××部○○課各位
その他	先生	○○先生様	○○先生

サラダなどで活躍するカニの缶詰。多くの種類の缶詰の中で、これだけ中身が紙で包装されているのはなぜ？

2 ビジネス基礎知識

社外文書のいろいろ

　社外文書は大きく社交・儀礼的文書と取引文書の２つに分類できますが、それらにはさらに次のような文書があります。

①社交・儀礼的文書

　披露・あいさつ状、案内・招待状、礼状、見舞状、お悔やみ状など。

②取引文書

　通知・案内状、照会状、申込状、承諾状、断り状、依頼状、注文書、督促状、抗議状、詫び状など。

社交・儀礼的文書の文例

◆資料受領の礼状

> 拝啓　陽春の候　貴社ますますご隆盛のこととお喜び申しあげます。平素はひとかたならぬお引き立てを賜り、深く感謝いたしております。
> 　さて、このほどご依頼いたしました「海、川、山、空の環境汚染」の資料を早速お送りくださいまして、誠にありがとうございました。これにより今後の調査活動に大きな成果が出るものと、心より御礼申しあげます。
> 　今後もまたお願いいたすことがあろうかと存じますが、よろしくご協力くださいますようお願い申しあげます。
> 　まずは取り急ぎ、書中をもちましてお礼かたがたごあいさつ申しあげます。
>
> 　　　　　　　　　　　　　　　　　　　　　　　　　　　　　　敬具

◆栄転の祝賀状

> 拝啓　新緑の候　ますますご清栄のこととお喜び申しあげます。平素はひとかたならぬご高配を賜り、厚く御礼申しあげます。
> 　承りますれば、このたび営業部長の要職にご栄転あそばされました由、心よりお祝い申しあげます。高潔なご人格と卓越したご見識をお持ちの○○様のご就任により、貴社がますますのご発展を遂げられることと、弊社一同期待申しあげております。
> 　業界繁忙の折、くれぐれもご自愛くださいますようお祈り申しあげます。また、今後とも弊社へのご指導ご鞭撻をよろしくお願いいたします。
> 　とりあえず略儀ながら、書面をもってお祝い申しあげます。
>
> 　　　　　　　　　　　　　　　　　　　　　　　　　　　　　　敬具

 缶の鉄やすずとカニに含まれている成分が化学反応を起こし、変色したりガラスのような物質を発生させるのを防ぐため。

ビジネス基礎知識

2

取引文書の文例

◆電話番号変更の通知書

拝啓　平素は格別のご高配を賜り、厚く御礼申しあげます。

　さて、このたび当社では11月1日午前0時より電話番号が変更されることとなりました。

　各部署へのお電話は、同封いたしました一覧表の直通番号でおかけになるか、下記の代表番号におかけになり、部署名をお知らせください。

　ご多忙のところお手数をおかけしますが、どうぞよろしくお願いいたします。

敬具

記

　新電話番号（11月1日より）
　　　○○―○○○○―○○○○　（代表）

　※当分の間、従来の代表番号も存続しますが、テープによる案内が自動的に入るため、接続に時間がかかります。

以上

◆製品の注文書

拝啓　若葉の候　貴社ますますご繁栄の由、お喜び申しあげます。

　さて、先般ご送付くださいました見積書を検討しました結果、下記のとおり注文させていただきます。

　万一遅延の際は解約したく、この点ご了承のうえお手配くださるようお願い申しあげます。なお、可否につき至急ご連絡ください。

　まずは取り急ぎお願いまで。

敬具

記

　1．応接セットCタイプ　一式
　2．5月30日（月）必着のこと

以上

2　ビジネス基礎知識

電子メール（Eメール）の基本

ビジネスメールの基本形

　ビジネスの場での電子メールは、儀礼的なていねいさよりも、一目でわかる効率のよさが優先されます。

　基本のフォーマットは以下の通りです。

①件名……本文の内容が一読してわかるよう、簡潔にまとめる。具体的な内容、日付、送信意図などを織り込むとよい。

　× 営業会議について　○【9月10日】営業会議開催のお知らせ

②宛名……社名、部署名、氏名の順に改行。肩書きは氏名の前につける。複数の相手に送る場合は「各位」とする（「各位様」は×）。

　○　株式会社○○　←最後に「様」がつく場合、「御中」は不要

　　　△△部

　　　部長　□□□□様　←できればフルネームで。「殿」は×

③あいさつ文……手紙と違い、時候のあいさつなどは不要。「お世話になっております」（初めてなら「お世話になります」）で始めるのが一般的。バリエーションとしては「ご無沙汰しております」「先日はお時間をいただきありがとうございました」「突然のメールにて失礼いたします」など。

④本文……用件は1メールにつき1件。結論から先に述べ、1行35字以内をめやすに改行し、簡潔にまとめる。機種依存文字、絵文字、ネット用語は使わない。

⑤末文・署名……末文は「よろしくお願いいたします」が定番。署名は社名、所属部署、氏名、住所、電話・FAX番号、メールアドレス、URLなどを列記し、過度に飾り立てない。

⑥添付ファイル……容量が大きすぎるものは添付せず、オンラインストレージなどを利用する。添付がある場合は、ソフト名や数を本文に記載しておく（「PDFを2点、添付しております」など）。

▼作成上の注意点

・急ぎの用件やお詫びはメールではなく電話で。
・重要な案件は、メール後に電話でフォローする。
・送信ボタンを押す前に必ず本文を読み返し、宛先の社名・部署名・氏名などに誤りがないかもチェックする。

> **A** 中国の文士が使う書簡文からきている。「拝啓」は謹んで申しあげます、「敬具」は謹んで申しあげました、という意味。

手紙の書き方

あらたまった手紙は5項目で構成

■手紙の基本フォーマット

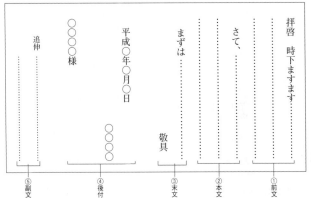

①前　文……頭語、時候のあいさつ (93ページ参照)、先方の安否のあいさつ、当方の安否のあいさつ、感謝 (またはお詫び) のあいさつの順で書きすすめる。頭語は文頭を下げない (94～95ページ参照)。

②本　文……前文と本文の橋渡し役をする起語 (「さて」「ところで」など) で始め、用件に入っていく。用件が2つ以上にわたる場合は、それぞれ改行すること。

③末　文……「結びのあいさつ」と「結語」からなる。「まずは……お祝い申しあげます」など、用件の確認、健康の祝福、乱筆のお詫び、返事の求め、などが結びのあいさつで、結語は頭語に対応させる (94～95ページ参照)。

④後　付……日付、署名、宛名の順に改行して書く。日付は本文よりやや下げ、署名は下端と同じか、やや上方。宛名は1～2行あけて、日付より上の位置から、本文より少し大きめの字で、敬称をつけて書く。

⑤副　文……本文よりやや小さい字で3字ほど下げ、「追伸」「二伸」と入れて書き出す。

飛行機の出発時刻は、どの時点をさすのだろう？
エンジンがかかった瞬間？　離陸した瞬間？

Q

2 ビジネス基礎知識

ハガキの書き方

均等な大きさで読みやすく

■ハガキの基本フォーマット

表書き

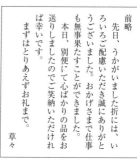

通信文

▼表書きの書き方

①宛名はハガキの中央に大きく書く。社名、役職名、個人名は略称・略字を使わず、正式名をフルネームで。敬称もつけること。

②宛先は郵便番号枠の右端寄りから書き、2行にまたがるときは、2行目の頭をやや下げる。住所の丁目、番号は略さないのが礼儀。

③差出人の住所・氏名は、相手先よりかなり小さな文字で、切手の下に書く。

▼通信文(裏面)の書き方

①小さな字でびっしりと書き込まない。1行16字程度で10行くらいをめやすに簡潔にまとめる。

②周囲に余白を設け、天地を揃えるときれいに見える。

③最初に大きく、最後に小さい字で詰め込むのは体裁が悪い。最初から最後まで均等な文字の大きさ、行間で書く。

▼手紙とハガキの使い分け

　他人に読まれて困る内容のものや、秘密を要する重要な用件のものは手紙にします。大切な依頼事、お悔やみ、目上の人に対する礼状も手紙のほうがベター。あまり親しくない異性への便りや通信メモ、旅先の便りはハガキで十分です。

 A 何と、飛行機の車輪が動き出した瞬間が出発時刻。滑走路を長い間走っていても、出発時刻が遅れたことにはならない。

時候のあいさつ

文面に季節の香りをのせて

1月 睦月	新春の候、酷寒のみぎり、厳寒の候、厳冬の折柄、寒気ことのほか厳しゅうございますが、例年にない寒さでございますが
2月 如月	春寒の候（みぎり）、解氷の候、余寒厳しき折柄、残寒の節、余寒なお厳しく、春まだ遠く、立春とは名ばかりの寒さ
3月 弥生	早春の候、浅春の候、春暖の候、ようやく春めいてまいりました、日の光にも春の気配が感じられます
4月 卯月	陽春の候、春爛漫の候、桜花の節、清和のみぎり、一雨ごとに暖気も加わり、春たけなわの今日このごろ
5月 皐月	新緑の候、若葉の候、立夏の候、風薫るさわやかな季節となりました、そよ風が肌に心地よい季節になりました
6月 水無月	初夏の候、梅雨の候、長雨の候、向暑の折柄、うっとうしい梅雨の候となりました、梅雨の季節を迎え
7月 文月	盛夏の候、炎暑の候、酷（極）暑のみぎり、暑さの厳しい折、暑中お見舞い申しあげます、今年の夏の暑さは格別に厳しいようです、いよいよ本格的な夏の到来
8月 葉月	晩夏の候（みぎり）、残暑の候、残暑厳しき折柄、暦の上では立秋を過ぎましたが、立秋とは名ばかりの暑い日が続いておりますが、まだまだ残暑が続きます
9月 長月	初秋の候、秋涼の候、さわやかな初秋の季節となりました、朝夕めっきり涼しくなり、日中はまだ暑さ厳しき折、空の色もいつしか秋めいて、虫の声に秋の気配が感じられ
10月 神無月	仲秋の候、秋晴れの候、夜長の節、天高く馬肥ゆる秋、みのりの秋を迎えました、秋もたけなわとなりました
11月 霜月	晩秋の候、紅葉の季節、向寒の候（みぎり）、秋も一段と深まり、小春日和のうららかな季節になりました、行く秋の惜しまれるこのごろです、霜降る月となりました
12月 師走	初冬の候、師走の候、寒冷の候、今年も押しつまりました、心せわしい師走となりました、あわただしい年の瀬を迎え、歳末ご多忙の折、今年もあと数日で暮れようとしています

「おつな味」の「おつ」とは、「趣のある」という意味。では、なぜ「おつ」というのだろう？　Ｑ

慣用表現

頭語と結語は強いコンビ

頭語と結語は慣用的に使い方のきまりがあります。その組み合わせを間違えないように気をつけてください。以下はその一例です。

■発信の場合

	頭　語	結　語
一　　般	拝啓 (拝白、拝呈、啓上)	敬具 (敬白、拝具)
丁　　寧	謹啓 (粛啓、謹呈)	敬白 (謹白、謹言)
急　　用	急啓 (急呈、火急)	不一 (以上)
前文省略	前略 (冠省、略啓、拝略)	草々 (早々)
再　　信	再啓 (再呈、追啓)	敬具 (敬白、拝具)

■返信の場合

	頭　語	結　語
一　　般	拝復 (復啓)	
丁　　寧	拝答 (謹答、敬復)	敬具 (敬白、以上)
簡　　略	草啓 (冠省)	

前文を入れることで丁寧に

具体的にお詫びや感謝の事柄がなくとも、前文は1つの儀礼的なあいさつ。入れることで、格調が高く、丁寧になります。

①安否のあいさつ例
・貴社ますますご隆盛(繁栄、繁盛)のこととお喜び申しあげます。
・貴会ますますご発展(隆昌、盛栄)の趣、なによりと存じます。
・皆様にはご清祥(健勝、清栄)の由、大慶に存じます。

②感謝のあいさつ例
・日頃は格別のお引き立てを賜り、厚くお礼申しあげます。
・平素は特別のご愛顧を賜り、誠にありがとうございます。
・毎々格別のご厚情をいただき、ありがたく厚くお礼申しあげます。

③お詫びのあいさつ例
・その節はとんだご迷惑をおかけし、お詫びの言葉もございません。

 昔の音楽用語で低音を表す「乙」から。"低音の魅力"というわけ。ちなみに高音は「甲（かん）」で、「甲高い声」はここからきている。

・いつもご心配をおかけし、誠に申しわけございません。
・今後このような間違いをいたさぬよう重々注意いたしますので、
　なにとぞご寛恕のほど伏してお願い申しあげます。
④催促のあいさつ例
・ご多用中のところ恐れ入りますが……。
・ご繁忙中、誠に申しわけなく存じますが……。
⑤連続して出す場合のあいさつ例
・重ねて申しあげます。
・再啓　過日差しあげました手紙はご覧いただけたでしょうか。
・再呈　たびたび失礼とは存じますが……。
⑥返信のあいさつ例
・拝復　去る○月○日貴信拝受いたしました。
・拝復　○○の件につきまして重ねてご照会、誠に恐縮に存じます。

末文がないのは尻切れトンボ

　本文の用件をあらためて念押ししながら、終わりのあいさつをするのが末文です。
　締めくくりがまずいと、それまでの文章が台無しになります。適切な末文で終わるようにしましょう。
・まずは略儀ながら、書中をもってごあいさつ申しあげます。（一般）
・まずは取り急ぎお願いまで。（一般）
・まずはご通知（ご案内）申しあげます。（通知）
・とりあえずご一報まで。（案内）
・まずは取り急ぎ、ご照会申しあげます。（照会）
・ごあいさつかたがたご依頼申しあげます。（依頼）
・取り急ぎご回答申しあげます。（回答）
・今後ともご指導ご鞭撻のほどお願い申しあげます。（配慮）
・悪しからずご了承賜りますようお願い申しあげます。（許し）
・時節柄、ご自愛のほどお祈り申しあげます。（祈り）
・今回ははなはだ遺憾ながら貴意に添いかねることになりました。
　悪しからずご了承くださいませ。（断り）
・詳しくは参上のうえご報告申しあげます。（今後につなげる）

ＱＣ・ＴＱＭ

品質管理（ＱＣ）とは

日本工業規格（JIS）では、品質管理とは「買手の要求に合った品質の品物又はサービスを経済的に作り出すための手段の体系」と定義しています。つまり、買い手（お客様）の期待にあったよい製品、よいサービスを提供するための手段、方法の仕組みのすべてが品質管理であり、英語の「Quality Control」（品質管理）の頭文字をとって、「ＱＣ」とも呼ばれています。

ＱＣを進めるための方法や手段としては、日本科学技術連盟の石川馨博士らがまとめた「ＱＣ７つ道具」が広く使われています。

▼ＱＣ７つ道具

①層別……集計したデータをグループ分けして分類・整理。

②散布図……分類・整理したものを図式化し、特性の相関関係を調べるもの。

③チェックシート……不良箇所をチェックし、一覧表を作成。

④特性要因図……特性に影響を与えている原因をいくつかのグループに分けてまとめた魚の骨形をした図。

⑤パレート図……「パレートの法則」にしたがい、問題の要因のうちどの項目が重要か判断するのに使う図。

⑥ヒストグラム……検査データが正規分布しているかチェックする図。

⑦管理図・グラフ……上限、下限の管理線を明確にした折れ線グラフ。

▼デミングサイクル

①買い手の希望するコスト、納期などを設計する。

■特性要因図

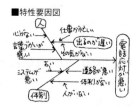

■パレート図

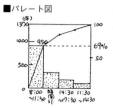

■ヒストグラム

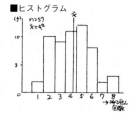

A 正しくは、「アタッシェケース」「シミュレーション」。「アボカド」「バドミントン」「キューピッド」なども注意。

②それに従って、物を製造する。

③製造された物が適正かどうか検査したうえで販売する。

④販売された物が買い手の期待に応えられたかを調査する。

⑤アフターケア等のサービスを行なうとともに、次の設計に生かす。

　この繰り返しを「デミングサイクル」と呼び、QCを成功させるには、このサイクルを繰り返し行なうことが大切です。

TQMとは

　「Total Quality Management」の略で、QC活動を生産の特定部門に限定せず、間接部門も含めた全社に拡大した「総合的品質管理」のことを言います。現在、「品質管理（QC）」と言う場合、このTQMを指します。また、TQMの広がりとともに、先にあげた「7つ道具」だけでは不十分となってきたため、「新QC7つ道具」が新たにまとめられました。

　新QC7つ道具とは、①親和図法／②連関図法／③系統図法／④マトリックス図法／⑤マトリックス・データ解析法／⑥アロー・ダイヤグラム法／⑦PDPC（過程決定計画図）法の7つを言います。

▼「QCサークル」が活動の基盤

　TQM活動を推進するための社員による自主的な組織が、「QCサークル」と呼ばれる小集団です。日常業務の中の問題を発見し、原因を究明し、改善策を考察し提言を行なうサークル活動で、1962年に全国的に展開され、日本商品の高品質化を推進してきました。毎年全国的なコンクールが行なわれ、優秀な活動には「デミング賞」などが授与されます。

●デミング賞

　日本へのQCの導入に尽力し、「デミングサイクル」などにその名を残すアメリカのW.E.デミング博士。その日本への好意と業績を記念して1951年に創設されたのがこの賞。TQMまたはそれに利用される統計的手法などの研究、普及にすぐれた業績のあった個人またはグループに授与される「本賞」のほか、大賞があり、毎年11月に授賞式が行なわれる。

２　ビジネス基礎知識

渋滞や天候不順のとき何かと便利なラジオの道路交通情報は、いつ誰が調べているんだろう？

5S

「5S」の基本的な考え方

　「整理」(せいり)、「整頓」(せいとん)、「清掃」(せいそう)、「清潔」(せいけつ)、「躾」(しつけ)——これら「さ行」で始まる5つの言葉を指します。いずれも当たり前のことばかりですが、この当たり前のことを徹底することで、職場環境が美しくなるだけでなく、職場の安全向上や仕事の効率化の実現にも役立ちます。「やらされている」と後ろ向きに考えるのではなく、次の仕事への準備ととらえ、前向きに取り組むようにしましょう。

「5S」のポイント

▼「整理」のコツ

　「整理」は「5S」の大前提。何事もまず整理から始まります。

①必要なものと不要なものを区別し、不要なものは処分する。

②不要なものが生じないよう、その発生源を断つ。

▼「整頓」のコツ

　スペースの活用や労力・時間の節約につながります。

①必要なときに、必要なものを、必要な量だけ取り出せるように工夫する。

②そのために、備品や部品、製品はレイアウトを決めて正しく保管する。

▼「清掃」のコツ

　クリーンな環境は高品質を支える条件です。

①ゴミや汚れ、異物をたえず取り除き、きれいな状態を保つ。

②そのために、普段から根気よく清掃を繰り返す。

▼「清潔」のコツ

　心身にプラスになり、能率アップにつながります。

・「整理」「整頓」「清掃」を繰り返し徹底する。

▼「躾」のコツ

　よい習慣を身につけ、続けるのが「躾(しつけ)」です。

①職場環境の改善に必要ならば、思い切って習慣を変える。

②新しい習慣は、いちはやく身につけて続けていく。

 主要道路や高速道路に埋め込まれているセンサーから情報を得た日本道路交通情報センターが情報を発信している。

ビジネス基礎知識

2

安全

「安全第一」の心構え

職場において重要な大原則は、「安全の確立がすべてに優先して行なわれなければならない」という安全第一の原則です。なぜなら、人間の生命、安全は何よりも大切であり、安心して働けてこそ、製品やサービスの質が向上し、生産性も上がるからです。

▼「ハインリッヒの法則」

アメリカの安全技師・ハインリッヒが発見した法則で、「1対29対300の法則」とも言われます。これは、1つの大きな災害が起こる背景には、

①それ以前に29回の軽い事故が発生している。

②さらに、事故になったかもしれないヒヤリとした体験や状態が300回も繰り返されている。

というもので、ヒヤリとしたこと、ハッとしたことを改善していくことが安全に役立つという法則です。

安全のための5つの心得

具体的には、次の5つを心がけて仕事をしましょう。

①安全衛生基準、作業基準など会社の基準に定められたとおりの作業をする。

②上司や先輩から教えられたことは身につくまで訓練する。

③わからなければ、上司や先輩に聞く。

④うまく作業できなければ、方法やコツをもう一度習う。

⑤わずかな時間だからといって無理をしない。

●職場の安全衛生活動

安全意識を高めるための活動には次のようなものがある。

①KYT（危険予知訓練）……リーダーが4つのラウンド（現状把握、本質追究、対策樹立、目標設定）で、作業前の短時間で問題点を発見し、相互啓発をはかる。

②指差呼称……目で注意点を探し、手・腕で注意点を指し示し、口で「○○よし」「○○注意しよう」と言って、啓発しあう。

悪徳商法にはさまざまな種類があるが、「モニター商法」とはどんな商法なのか？　パソコンを売りつけるわけではない。

2

ビジネス基礎知識

かんたん英会話　　（1）受付応対

①Good morning, sir. May I help you?
　　→I'd like to see Mr. Horie in the Sales Department.
②Is he expecting you?
　　→Yes, he is. I have an appointment with him at ten.
③May I have your name?
　　→My name is Bradly Litty. I'm with the ABC Company.
④One moment. I'll tell him you're here.
⑤I'm sorry. He's on the phone right now, but he'll be with you
　　shortly. Please have a seat and make yourself comfortable.
　　→Thank you.
⑥Would you like some tea or coffee?
　　→Yes. Coffee, please.

①おはようございます。ご用件をどうぞ。
　　→営業部の堀江さんにお会いしたいのですが。
②お約束ですか。
　　→はい、そうです。10時に彼と約束があるのです。
③お名前を教えていただけますか。
　　→ブラッドリー・リティーです。ABC社の者です。
④少々お待ちください。お見えになったことを伝えます。
⑤申し訳ございません。彼はただいま電話中ですが、すぐに参り
　　ます。どうぞお掛けになって、楽になさってください。
　　→ありがとう。
⑥紅茶かコーヒーをいかがですか。
　　→はい。コーヒーをお願いします。

●役職名＆部署名　in　English

社　長	President/Chief Executive Officer	人事部	Personnel Department
専　務	Senior Managing Director	秘書室	Secretariat/Secretary Section
会　長	Chairperson	総務部	General Affairs Department
常　務	Managing Director	開発部	Development Department
部　長	General Manager	営業部	Sales Department
課　長	Section Manager/Section Chief	製造部	Manufacturing Department
係　長	Subsection Manager	広報部	Public Relations Department
工場長	Plant Manager	営業所	Office/Sales Office

A 商品のモニター（試用者）を募集し、後で全額をモニター料とし
て支払うと言って高額なクレジット契約をさせる商法。

かんたん英会話　　（2）電話応対

▼オペレータを通して掛ける

①I'd like to make an overseas call to America, please.

　→What's the number, please?

②The area code is 212 and the number is 123-4567.

　　　　　↓

　→XYZ Corporation. May I help you?

③Yes. I'd like to speak to Mr. Thomas Davis, please.

　He's in the Development Department.

　→Please hold the line. I'll connect you.

　　　　　↓

　→Development Department.

④May I speak to Mr. Thomas Davis, please?

　→I'm sorry, sir. He is not in the office right now.

　　Would you like to leave a message?

⑤Yes. Please tell him that Takashi Kushida called, and I'll call him

　again this afternoon or tomorrow morning.

　→All right, sir. I'll give him your message. Thank you.

①アメリカへ国際電話を掛けたいのですが。

　　→お電話番号をどうぞ。

②地域番号が212、電話番号は123-4567です。

　　　　　↓

　　→XYZ社でございます。ご用件をどうぞ。

③はい。トーマス・デービスさんをお願いします。開発部の方です。

　　→お待ちください。おつなぎいたします。

　　　　　↓

　　→開発部でございます。

④トーマス・デービスさんをお願いします。

　　→申し訳ございませんが、ただいま外出しております。

　　　ご伝言があれば承りますが。

⑤はい。櫛田隆から電話があって、今日の午後か明日の朝にでも

　　こちらから電話をする、と伝えてください。

　　→かしこまりました。ご伝言を伝えておきます。

頼もしない商品が突然送られてきて、放っておいたら代金を請求された。この迷惑な商法を何と呼ぶ？

英文ビジネスレターの書き方

ビジネスレターの基本フォーム

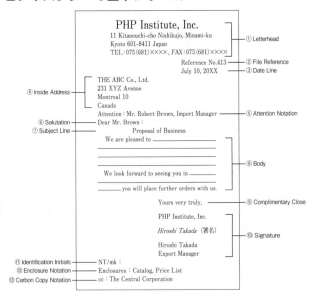

①Letterhead（頭書）……1行目に自社名、2行目以降に所在地、電話番号、ファクシミリ・ナンバー等を記入する。会社の所定用紙に印刷されている場合が多い。

②File Reference（整理番号）……通常は、当方の整理番号。

③Date Line（日付）……発信日を記入するが、日本式の"7/10"のような書き方は、英国などでは10月7日と読まれるので注意する。また月名は、スペルが長くても略さない。

　　・July 10, 20XX………米国式

　　・10th July, 20XX……英国式

　　・10 July 20XX………国連など

④Inside Address（宛名）……相手の会社名と所在地を記入する。

⑤Attention Notation（気付）……受け取る相手の名前と役職名。

A ネガティブ・オプション。受取人に代金支払い及び返送の義務はない。商品到着後、14日を経過すれば自由に処分できる。

⑥Salutation（頭語）……日本の「拝啓」「謹啓」に当たる語。相手の姓を用いて、男性なら"Dear Mr.○○"女性なら"Dear Ms.○○"など。性別が不明の場合は"Dear Members of the Board"や"Dear Sir/Madam""Dear Ladies and Gentlemen"としてもよい。

⑦Subject Line（主題）……通信文の内容を簡潔に表す題名を。

⑧Body（本文）……2枚以上にわたる場合には、2枚目以降はLetterheadがプリントされていない用紙を使う。

⑨Complimentary Close（結語）……日本の「敬具」「敬白」に当たる。"Yours (very) truly"、"Sincerely yours"が一般的。

⑩Signature（署名）……会社名を1行目にタイプし、2行目には通信文の責任者が自筆で署名する。以下、通信文の責任者の名前（3行目）、役職名（4行目）をそれぞれタイプする。

⑪Identification Initials（文責者イニシャル）……手紙を書いた責任者と入力者の頭文字を記入。NTは責任者がNaohiko Takeichiであることを、mkは入力者がMayumi Kunieであることを表す。

⑫Enclosure Notation（同封物）……同封物があれば記す。

⑬Carbon Copy Notation（写し）……同一の手紙のコピーを他社にも郵送する場合には、その旨を明記する。

封筒の表書き基本フォーム

受取人の会社名と住所（国名には下線を引く）は表面中央、差出人のものは左上部に書きます。VIA AIR MAIL（航空便）、EXPRESS（速達）など取扱表示も表面に記載し、裏面には何も書きません。

●封筒の表書きの例

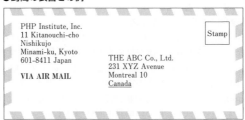

国際電話の掛け方

　情報通信技術の急進展とともに、国際電話も様変わりしています。インターネットを利用する電話などが普及し、格安サービスを提供する会社も数々登場。スマートフォンの利用者を中心に、スカイプやFace Time、LINEといったアプリも人気を集めており、これまでよりも海外へ気軽に電話を掛けられるようになりました。個人で利用する場合は、どの会社のどんなサービスを利用するかがポイント。賢く選んで、国際電話による情報交換を上手に行ないましょう。

▼日本から海外への掛け方

> ＋または010 － 相手国番号 － 相手先の電話番号

※「＋」はキーパッドの「0」を長押しして表示。

※相手先の電話番号が「0」で始まる場合は、最初の「0」を外して入力。

> 電話会社の識別番号 － 010 － 相手国番号 － 相手先の電話番号

電話会社により、独自のダイヤル方法を設けている場合もあります。なお、識別番号は各電話会社まで問い合わせてください。

例）KDDIは001、NTTコミュニケーションズは0033。

▼海外から日本への掛け方

> ＋または滞在国の国際電話識別番号－日本の国番号81
> 　－市外局番のはじめの0を外した相手番号

　国際電話識別番号（国際プレフィックス番号）はホテルのガイダンスなどを参照してください。　例）アメリカは011、イギリスは00。
　また携帯電話に掛ける場合も、国番号81のあと、090、080などのはじめの0は省略します。

▼国際電話のサービスとシステム

・Station to Station Call　オペレータに電話番号だけを伝えてつないでもらう方法。誰が出てもよい場合に利用します。

・Person to Person Call（指名通話）　オペレータに相手の電話番号と氏名を伝え、相手が電話口に出てから課金されるシステム。

・Collect Call（料金先方負担通話）　料金を先方負担にする通話。まずオペレータが相手の承諾を取りつけます。

A 不意打ち的な訪問販売などに対し、契約締結後も一定の条件下で消費者からの一方的解約を認める制度のこと。

国番号表

*2021年9月現在

アジア・中近東		コスタリカ	506	チェコ	420	スペイン領アフリカ	34
アフガニスタン	93	コロンビア	57	デンマーク	45	エスワティニ	268
アラブ首長国連邦	971	ジャマイカ	1-876	ドイツ	49	セイシェル	248
イエメン	967	スリナム	597	トルクメニスタン	993	赤道ギニア	240
イスラエル	972	チリ	56	トルコ	90	セネガル	221
イラク	964	ドミニカ	1-767	ノルウェー	47	ソマリア	252
イラン	98	ドミニカ共和国	1-809	バチカン	39	タンザニア	255
インド	91	トリニダード・トバゴ	1-868	ハンガリー	36	チャド	235
インドネシア	62	ニカラグア	505	フィンランド	358	中央アフリカ	236
オマーン	968	ハイチ	509	フランス	33	チュニジア	216
カタール	974	パナマ	507	ブルガリア	359	トーゴ	228
韓国	82	バハマ	1-242	ベラルーシ	375	ナイジェリア	234
カンボジア	855	パラグアイ	595	ベルギー	32	ナミビア	264
北朝鮮	850	ハワイ	1-808	ポーランド	48	ニジェール	227
クウェート	965	プエルトリコ	1-787	ボスニア・ヘルツェゴビナ	387	ブルキナファソ	226
サウジアラビア	966	ブラジル	55	ポルトガル	351	ブルンジ	257
シリア	963	ベネズエラ	58	マケドニア	389	ベナン	229
シンガポール	65	ベリーズ	501	マデイラ諸島	351	ボツワナ	267
スリランカ	94	ペルー	51	マルタ	356	マダガスカル	261
タイ	66	ボリビア	591	モナコ	377	マラウイ	265
台湾	886	ホンジュラス	504	モルドバ	373	マリ	223
中国	86	メキシコ	52	ラトビア	371	南アフリカ	27
ネパール	977	ヨーロッパ		リトアニア	370	モーリシャス	230
バーレーン	973	アイスランド	354	リヒテンシュタイン	423	モーリタニア	222
パキスタン	92	アイルランド	353	ルーマニア	40	モザンビーク	258
パレスチナ	970	アゼルバイジャン	994	ルクセンブルク	352	モロッコ	212
バングラデシュ	880	アルバニア	355	ロシア連邦	7	リビア	218
東ティモール	670	アルメニア	374	アフリカ		リベリア	231
フィリピン	63	アンドラ	376	アセンション島	247	ルワンダ	250
ブータン	975	イギリス	44	アルジェリア	213	レソト	266
ブルネイ	673	イタリア	39	アンゴラ	244	オセアニア	
ベトナム	84	ウクライナ	380	ウガンダ	256	オーストラリア	61
香港	852	ウズベキスタン	998	エジプト	20	キリバス	686
マカオ	853	エストニア	372	エチオピア	251	グアム	1-671
マレーシア	60	オーストリア	43	エリトリア	291	クリスマス島	61
ミャンマー	95	オランダ	31	ガーナ	233	サイパン	1-670
モルディヴ	960	カザフスタン	7	カーボベルデ	238	サモア	685
モンゴル	976	キプロス	357	ガボン	241	ソロモン諸島	677
ヨルダン	962	ギリシャ	30	カメルーン	237	ツバル	688
ラオス	856	キルギス	996	ガンビア	220	トンガ	676
レバノン	961	グリーンランド	299	ギニア	224	ナウル	674
アメリカ		クロアチア	385	ギニアビサウ	245	ニウエ	683
アメリカ合衆国	1	サンマリノ	378	ケニア	254	ニューカレドニア	687
アルゼンチン	54	ジブラルタル	350	コートジボワール	225	ニュージーランド	64
ウルグアイ	598	ジョージア	995	コンゴ共和国	242	ノーフォーク島	672
エクアドル	593	スイス	41	コンゴ民主共和国	243	バヌアツ	678
エルサルバドル	503	スウェーデン	46	サントメ・プリンシペ	239	パプアニューギニア	675
ガイアナ	592	スペイン	34	ザンビア	260	パラオ	680
カナダ	1	スロバキア	421	シエラレオネ	232	フィジー	679
キューバ	53	スロベニア	386	ジブチ	253	フランス領ポリネシア	689
グアテマラ	502	セルビア	381	ジンバブエ	263	マーシャル諸島	692
グレナダ	1-473	タジキスタン	992	スーダン	249	ミクロネシア連邦	691

2 ビジネス基礎知識

赤ワインに含まれている「ポリフェノール」。
さて、その効用は？

Q

海外渡航の際の心得

　海外での社員研修、語学留学などの機会があるかもしれません。国際化時代のビジネスノウハウの1つとして、海外渡航の準備・方法をひととおり頭に入れておくとよいでしょう。

▼海外渡航に必要な証明書

①パスポート（旅券）……一般旅券発給申請書、戸籍謄本または抄本、写真、本人確認書類などを揃えて、各都道府県の申請窓口へ。

②ビザ（入国査証）……渡航先、目的、期間などによって必要なビザが異なるが、日本人は短期滞在なら多くの国と地域に、ビザなしもしくは到着時のビザ取得で入国することが可能。また、アメリカも観光やビジネスを目的とした90日以内の滞在の場合、ビザなしでの入国が可能だが、テロ防止などの観点から事前に電子渡航認証システム「ESTA」の認証取得が必要。ビザの申請については大使館または領事館に問い合わせる。

③労働許可証……ワーキングビザなどと呼ばれ、取得しないと現地で就労できない。問い合わせは大使館・領事館へ。

④イエローカード（黄熱予防接種証明書）……国によっては事前に予防接種を受け、その証明書を提示しないと入国できない場合がある。渡航先でイエローカードが必要かどうかを事前に確認し、必要なら予防接種を行なって証明書を取得しておく。

▼海外へ出かける前に

　あらかじめ渡航先の通貨や気候、交通事情、銀行・行政官庁の業務時間帯、通信網の整備環境などもチェックしておきましょう。国際電話対応機種でない携帯電話は、国際ローミングサービスまたはレンタルの申し込みが必要です。英語がどれぐらい通用するか、また必要ならば通訳をどう手配するかも知っておきたい事柄です。

　日本で簡単に入手できても、海外では簡単に手に入らないものもたくさんあります。生活やビジネスに関しては、出張経験者に聞くのが一番参考になるでしょう。加えて重要なのが、安全や治安に関する情報。「自分の身は自分で守る」の心がまえが必要です。

（海外安全情報）

・外務省海外安全ホームページ　https://www.anzen.mofa.go.jp/

Ａ　体内で酸化して動脈硬化を引き起こす悪玉コレステロールの働きを抑える。でも、アルコールの飲み過ぎには注意！

ビジネス基礎知識

2

3

プライベートタイム
活用術

結婚披露宴でのマナー

招待状の返事は早めに

　結婚披露宴のマナーは、招待状を受け取った時点から始まります。招待側の都合を考慮して、出欠にかかわらず、どんなに遅くても受け取ってから1週間以内に返事を出しましょう。その際、宛名の「行」を「様」に直す、「御」「御芳」を2本線で「寿」で消すのはもちろん、余白に一筆つけ加える心配りがほしいもの。

・出席の場合……「喜んで出席させていただきます」
　　　　　　　　「このたびは、おめでとうございます」　など。

・欠席の場合……不幸や事故のための欠席は、理由は説明しない。
　　　　　　　　祝い事に暗い話はタブー。
　　　　　　　　「ご結婚おめでとうございます。残念ですが、やむを得ない事情のため欠席させていただきます」
　　　　　　　　「ご出席の皆様によろしく」　など。

服装は披露宴の雰囲気に合わせて

　男性は派手すぎないスーツにネクタイと、それに合わせた靴・靴下で。女性は麻やコットンなどのカジュアルな服は避けましょう。和服の場合もその場にふさわしい格式のあるものを選んでください。

　最近は立食のパーティーも増えてきました。「平服で」という招待には、普段着よりやや華やかな略礼装で臨みましょう。決めかねる場合には、直接、先方に聞くのも1つです。

　新郎新婦より派手な衣装、白のドレスが禁物なのは言うまでもありません。

スピーチは短めに

　長くだらだらしたスピーチだけは、絶対に避けたいもの。400字詰原稿用紙2～3枚（1枚が約1分間）が適当でしょう。次のような禁句や忌み言葉にも十分な注意が必要です。

・「最後に」「もどる」「閉じる」など「破綻」を連想させる言葉。
・「しみじみ」「重ね重ね」「ますます」といった重ね言葉。「結婚は生涯に一度」の意味から。

豆知識　充実した余暇を過ごすポイント、それが余暇活動3原則！
〈その1〉自分から興味を持ち、進んで取り組むこと。

弔事のマナー

訃報から通夜まで

▼訃報に接したら

弔事への出席はあらゆる行事や予定に優先します。

①訃報を聞いたら、知らせたほうがよいと思われる人に連絡を。

②勤務先から駆けつける場合には、派手な服装でなければそのままでＯＫ。ただし、アクセサリー類ははずしておくこと。

③急な弔問に香典は不必要。早々に用意するのはかえって失礼。

④遺族への面会は強いて求めず、部屋に通された場合でもなるべく短時間で。

⑤故人との対面は、遺族にすすめられたときのみ。

▼通夜の席では

①遺族の方が話しかけないかぎり、自分から遺族に対して余計なことを言ってはいけない。

②通夜ぶるまいは故人の供養にもなるので、遠慮せずにいただくのが基本だが、長居は禁物。遅くとも午後10時には帰る。

▼香典

最初の弔問のときに出しますが、急なときはあとでも構いません。

香典を差し出す際には、

①不祝儀袋はふくさに包んで。

②相手方が文字を読める向きにして、差し出す。

③代理で持参してもらう場合は、自分の名刺を不祝儀袋にそえておく。

▼弔電

やむを得ない事情で葬儀･告別式に参列できないときは､弔電を打ち､後日焼香に出向きます。

①宛名は喪主、差出人はフルネームで。

②略語や忌み言葉は避け、葬儀のなるべく早い時間に届くように。

▼お悔やみ状

葬儀後に訃報を知ったら、早急にお悔やみ状を出します。

①便箋と封筒は必ず白。不幸が重ならないようにとの意味から、封筒は一重のものを使う。

②時候の挨拶は省略し、主文から書き出す。略語や忌み言葉は避ける。

豆知識 〈その2〉ストレス解消、疲労回復、健康増進に役立ち、さらに今後の勤労意欲をもり立てる原動力となる活動を選ぶこと。

会葬のマナー

▼葬儀と告別式

葬儀とは遺族や親しかった人が集まって故人を偲ぶ儀式のことです。

葬儀のあと、遺族が一般参列者の弔意を受ける儀式が告別式です。

▼受付では

①会葬者芳名録に楷書で丁寧に記帳する。

②親しい間柄なら告別式の始まる10分前には受付をすませる。

③知人に会っても声を出さずに、目礼だけにとどめる。

④受付がなければ、香典は焼香と拝礼をすませた後、祭壇に向けて台の上に置く。

▼焼香では

①列がとぎれることのないよう、前の人に続く。

②大きな荷物は受付に預けるか、自分の席、または2～3人後ろの人に預かってもらう。

▼会葬後は

①まっすぐ帰宅する。もしも出かける必要があるときは着替えてから。

②帰宅したときは体と戸口に塩を振り、手を洗う。

③香典返しには礼状は出さないのがマナー。

〈座礼焼香〉

①祭壇の前で遺族に一礼。

②読経している僧侶に一礼。

③手を軽く握って畳につき、祭壇前ににじりより、そっと頭を下げる。

④手を合わせてから焼香し、にじって後ずさりし、僧侶に礼、遺族に礼をしてから自分の席に戻る。

豆知識 〈その3〉節度を守ること。時間や金銭、仕事のことを考えずに度を越して、新たな疲労を招くようではいけない。

〈立礼焼香〉

①数珠を左手に持ち、遺族・僧侶に一礼したあと焼香台に進み、軽く一礼する。

②抹香は、親指・人指し指・中指の3本でつまみ、お辞儀をする形で目の高さに押しいただく。

③そのまま、すっと香炉の上に持っていき、静かにパラパラとまくように落とす。

④遺影を見つめ、合掌し冥福を祈る。短い数珠は左手にかけたまま、長い数珠は両手人指し指にかけ直して合掌。

⑤2、3歩下がり、僧侶に礼、次に遺族に礼をして、席に戻る。

〈玉串拝礼〉

①神官から玉串を受け取ったら、右手で上から枝側をつかみ、左手で下から葉先を支えて、神前に進む。

②玉串案(祭壇)の30cmくらい前まで来たら、手を持ちかえて枝側を自分、葉先を上に向けて、軽く目礼する。

③玉串を時計回りに回転させ、葉先を自分に向ける。

④玉串の根元は神前に向け、両手を添えて玉串案に供える。

⑤供え終わったら姿勢を正して2、3歩下がり、故人の冥福を祈って、丁寧に二礼する。

⑥次に音をたてずに柏手を2回、丁寧に一礼してから2、3歩下がり、神官、遺族に一礼する。

3 プライベートタイム活用術

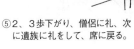

豆知識 ストレス解消10カ条　①目の前にあることに集中すること　②過ぎたことにクヨクヨしないこと

包み金の基本

お金は中袋に入れます。金額は中袋の中央に、最初に「金」をつけて旧字の漢数字で書きましょう。裏側には住所と氏名を忘れずに。お札は表を上にして向きを揃えて入れます。祝事のときは必ず新札を用意しましょう。

中京区六角三一一
山田太郎

金壱萬円

表書きの書き方

祝事は濃い墨、弔事は薄墨で楷書体で書きます。氏名は水引きの下段に書き、会社名は姓名の右にやや小さな字で書きましょう。

御祝　右側から上位の人　田中稔　山下成夫　川本広之

御祝　宛名を書く場合は左側から上位の人　川本広之　山下成夫　田中稔

御祝　会社名は右側に小さく　○○会社　田中稔

御祝　名刺は左下に貼る

・祝事……〔結婚祝い〕御祝・御婚礼御祝・祝御結婚・寿
　　　　　〔出産祝い〕御祝・御出産御祝・御安産御祝
・弔事(葬儀)……〔仏式〕御霊前・御香典・御香料
　　　　　　　　〔神式〕御霊前・御玉串料・御榊料
　　　　　　　　〔キリスト教式〕御霊前・御花料

水引きの色と結び方

祝事には赤白、金銀、赤金など、弔事には黒白、黄白、双銀、双白などの水引きを使います。結婚祝いや弔事用は、これ一度きりという意味で「結び切り」、何度あってもよい慶事には「蝶結び」を使います。「あわび結び」は結び切りの一種で、慶・弔事全般に使います。

結び切り　　　蝶結び　　　あわび結び

豆知識　③取り越し苦労をしないこと
　　　　④決心したらすぐ行動にうつすこと

上包みのたたみ方

・祝事　下側の折り返しは運があがるように上向きに。

①2枚重ねる。②中袋の表を上に　③表書きをし水引　④裏面は下側を
　　　　　　　　左から折る。　　　きをかける。　　　上に重ねる。

・弔事　下側の折り返しは目を伏せる意味で下向きに。

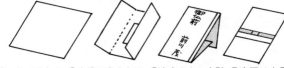

①1枚で裏向き。②中袋の表を上に　③表書きをし水引　④裏面は上側を
　　　　　　　　右から折る。　　　きをかける。　　　上に重ねる。

※祝儀・不祝儀袋は「ふくさ」に包んで持参しましょう。慶弔両方に
　使える、市販の台つきふくさが便利です。

金額の相場は？

・結婚祝い

　めでたい数とされる1、3、5万円などの奇数にするのが基本で
す。「2」は、以前は好ましくないとされていましたが、「ペア」とい
う意味も含むということで、最近は2万円を包むケースも増えてい
ます。「食事代＋お祝い」をめやすに、おつきあいの深さに応じて決
めましょう。

・香典

　香典は遺族への励ましや援助の意味も含むもの。故人や遺族との
関係を考慮し、それに見合った金額を贈ります。

　勤務先の方の場合は、上司よりも高額であれば失礼にあたるので
気をつけましょう。

贈り物の心得

お見舞い

　贈り物で一番気をつかうのはなんといってもお見舞いの品。先方の気持ちをくんで喜ばれるものを選びましょう。
①現金……折り端に紅の少し出た包みか、白封筒に「御見舞」と表書きをして。
②食べ物……病状や食事制限により食べられない場合がある。相手の体調や好みに配慮する。
③花……鉢物（根〈寝〉つく）、香りの強い花、白い花（不祝儀の花）、シクラメン（死苦）、けし、椿などは避けて。
④その他……実用品（タオル・シーツなど）、軽い読み物など。

お中元・お歳暮

　感謝の気持ちを伝えたい人（一般的には恩師など）に贈ればよいでしょう。しかし、必ず贈らなければならないという決まりはありません。好きな食べ物や趣味がわかっていればよいのですが、わからない場合は家族構成を考えた実用品や食品を選びましょう。
　お中元は６月下旬から７月15日の間（関西では７月末から８月上旬）、お歳暮は12月初旬から20日くらいまでにします。

結婚祝い

　相手の好みやセンスを考慮して、喜んでもらえる物を選びましょう。はさみや包丁は「仲を切る」という意味から、避けたほうが無難。親しい間柄なら希望の物を聞くのもよい方法です。また、贈り物は挙式の１カ月〜１週間前までに手渡しするのが正式。式の当日に会場に持参するのはマナー違反です。デパートなどから配送してもらう場合は、結婚祝いであることを伝え、のし紙の水引きを結び切りにしてもらいます。先方には前もって連絡しておくとよいでしょう。
▼タブーに注意
①数のあるものを贈るとき……「死」や「苦」を連想させる４、９は避ける。西洋式も考えるなら、13も避けたほうが無難。
②新築・改築祝い……火に関係のあるストーブなどは禁物。

豆知識　⑦熱中できる趣味を持つこと
　　　　⑧よく眠ること

電報実用情報 (NTTの場合)

▼電報の申し込み

電報は緊急時の連絡だけでなく、言葉のギフトとしても定着しています。「おし花電報」「刺しゅう電報」をはじめ、「プリザーブドフラワー電報」、電報とぬいぐるみがセットになった「キャラクター電報」など、さまざまなパターンが利用できます。

①申込先……115番（8時〜19時）。インターネットなら24時間申し込み可能で、44円（税込）おトク。

NTT東日本 D-MAIL　http://www.ntt-east.co.jp/dmail/

NTT西日本 D-MAIL　https://dmail.denpo-west.ne.jp/

②料金……文字数、台紙の種類により料金が異なる。詳しくは115番またはNTTの電報申し込みサイト（D-MAIL）へ。

③配達日指定……1カ月前から申し込める。慶弔扱の電報で配達日の3日前までに申し込むと165円（税込）割引。

▼電報文例

NTTの電報申し込みサイト（D-MAIL）では、さまざまなシーンに合わせた文例をダウンロードすることができます。文例のいくつかを紹介しましょう（カッコ内の数字は文例番号。申し込む際にこの番号を伝える）。

①誕生日　お誕生日を、心よりお祝い申しあげます。ご健康で、お仕事にますますご活躍されますよう、お祈りいたします。　　　　　(1747)

②結婚　ご結婚おめでとうございます。これからはお二人で、仕事に家庭生活に、さらに飛躍されますようお祈りいたします。いつまでもお幸せに。　　　　　(1109)

③出産　可愛い赤ちゃんのご誕生おめでとうございます。健やかにお育ちになられますよう、願っています。　　　　　(1907)

④人事　ご就任おめでとうございます。健康に留意され、一層卓越した手腕を発揮されますよう、ご期待申しあげます。　　　　　(2301)

⑤お見舞い　お体の具合は、いかがですか。ご全快を祈念し心よりお見舞い申しあげます。一日も早く、お元気なお顔を拝見したいと願っております。　　　　　(5303)

⑥お悔やみ　ご逝去の知らせを受け、ただただ、驚いております。ご生前のお姿を偲び、心よりご冥福をお祈りいたします。　　　　　(7509)

豆知識　⑨軽い運動や入浴でリラックスすること
⑩適度に休養をとること

右側余白（縦書き）：3　プライベートタイム活用術

ビジネス情報の収集と整理

　プライベートの時間だからといって、遊んでばかりいませんか？勤務外の時間でも、日ごろから情報には敏感でありたいものです。ビジネスパーソンにとって、情報を上手に収集・整理し、選択することが重要です。取引先や競合他社の企業情報、開発のための製品情報、時代の景気動向・消費情報などは直接業務に結びつくもの。また、社会人としての知性・感性を磨くための情報も幅広く仕入れておかなくてはなりません。初めにある程度目的を決め、段階的に正確な情報を入手していくのが効率的でしょう。

▼情報入手の方法
　ほしい情報をどこから、どういう方法で入手するのかは、少しずつ経験を積むうちにわかってくるものです。自分自身でいろいろな情報源を当たって慣れていきましょう。
＜情報を入手できるメディア＞
・新聞……一般社会常識を入手。
・雑誌・専門誌……流行をキャッチ。特集記事も活用度大。
・書籍……専門知識を入手。
・テレビ／ラジオ……録画・録音しておけば有力な情報資料に。
・インターネット
・ＳＮＳ
＜情報を入手できる場＞
・図書館・博物館
・官庁・役所
・マスコミ……新聞社・放送局などのサービスもある。
・各業界団体
・セミナーや講演会
　例えば、近くの書店で見つからない本はネットショッピングで購入する、白書などの政府刊行物がほしいときは、各省庁のホームページや各地の政府刊行物サービス・センターで入手するなど、情報の入手場所・方法はさまざま。まず情報入手の近道を大まかに知っておくことが大切と言えるでしょう。また重要なのが人的情報源。友人、知人との話の中から貴重な情報を得ることがあります。Twitter、Facebookなどの S N S 上のつながりも上手に利用しましょう。

豆知識　デューデリジェンス　取引を行なうときなどに、それが本当に適正な投資なのかを判断するため事前に詳細な調査を実施すること。

3　プライベートタイム活用術

▼情報整理のコツ

　必要な情報を効率的に取り出して仕事に活用できるよう、整理・分類のコツを挙げておきます。

①分類の項目を細かく分けすぎないこと。新聞や雑誌の切り抜きなどは大まかに箱や紙袋に分けて入れておけばOK。パソコン内のデータはフォルダで階層状に整理する。

②捨てる基準をつくっておく。月に1回程度、情報をチェックする日を決めておく。

③切り抜くか、残すか捨てるか、迷ったときはとりあえずキープしておく。捨てるのはいつでもできる。

④名刺は、受け取った日時とそのときの用件を簡単にメモし、キーパーソンには印をつけておく。同じときに数枚の名刺を受け取ったときは、そのキーパーソンの名刺を一番上にし、ホッチキスでとめる。企業別に五十音順に分類。

⑤デジタルカメラや携帯電話のカメラの撮影データはいつ、何を撮ったのか撮影当日に整理し、パソコンなどに必ずバックアップをとっておく。

⑥決めた場所にいつも保管しておく。

▼デジタルツールを活用する

　スマートフォンとタブレットの普及で、ビジネス環境は大きく変わりました。外出先でも文書ファイルの作成なども可能なうえ、インターネット接続環境にあれば、新聞や雑誌の記事、企業の最新リリースなどの閲覧・検索も可能です。

　しかし漠然と検索しているだけでは、目的に合ったものを探し出すのはなかなか容易ではありません。効率的にほしい情報を見つけるには、まずビジネス課題の解決にどんな情報が必要かをリストアップ。その情報はどんな機関が持っていそうか目星をつけた上で、検索窓に入れるキーワードを工夫します。情報を取捨選択していく際には、目的に合っているかだけでなく、情報の信頼性も考慮しましょう。仮に探していた記述やデータが見つかっても、それをそのまま企画書などに転載するのではなく、必ず出典にあたることが大切です。情報の客観性・正確性を確認する必要があります。

3　プライベートタイム活用術

豆知識 **インキュベーター**　資金や施設の提供などにより、ベンチャー企業の創出と事業拡大を支援する組織や仕組みのこと。

情報は必ず発信元か、信頼性の高い情報源から入手するようにしましょう。信頼性の高い情報源としては政府機関や企業・研究機関の公式サイトのほか、新聞・ニュースサイト、データベース検索サービスなどがあります。

　　・朝日新聞デジタル　https://www.asahi.com/
　　・日本経済新聞電子版　https://www.nikkei.com/
　　・CNN（International Edition）　https://edition.cnn.com/
　　・G-Searchデータベースサービス　https://db.g-search.or.jp/
　　・日経テレコン　https://t21.nikkei.co.jp/

▼FacebookやX（旧Twitter）を有効に使う

　企業などのFacebookページやXアカウントには、公式ホームページに掲載されない最新情報が載ることもあります。気になる企業はお気に入り登録やフォローをすれば、更新情報が表示されるので便利です。また、Facebookの「友達」機能で他業種に人脈を広げれば、情報収集の幅を広げるのにも役立つでしょう。

▼SNS利用上の注意点

・画像や文章の無断引用は不可……役立つ情報を見つけたからといって、本や雑誌の記事を撮影してアップするのは、著作権や肖像権を侵害する可能性があります。

・情報源の信頼性をチェック……知人からの情報だから、あるいは面白そうだからというだけで、真偽を確かめずに安易にリツイートなどをすると、フェイク（虚偽）ニュースを拡散させることも。

・差別的表現は慎む……いつどこで誰が目にし、炎上トラブルや訴訟に発展するかわかりません。性別や人種・宗教などに基づく差別的発言に限らず、その書き込みに偏りや誤りはないか、誰かを傷つける可能性はないかを考えましょう。

・仕事で知った情報を漏らさない……最近の仕事について書きこむことで、会社の重要な情報を漏らしてしまう可能性があります。また、業務上知り得た顧客の情報や、有名人が来店したなどの情報を載せることは個人としても問題であるうえ、会社の信頼を揺るがしかねない事態に発展するので、決して行なってはいけません。

豆知識　**コミット**　責任をもって関係すること、参加すること。約束や決意表明として使われることが多い。

▼機密情報の漏洩を防ぐ

近年、情報セキュリティ対策が企業にとって大きな課題になっています。顧客や従業員の個人情報、取引先企業の公開前の情報、企業運営に関する情報などは、個人情報保護法などの法令や、コンプライアンスにかかわる事項であり、漏洩するようなことがあれば、企業の信用問題になるからです。

・重要情報は放置しない

書類を机の上に置いたまま帰宅したり、プリンタで出力した書類をすぐに取りに行かなかったりすると、重要な情報が関係者以外の目に触れる可能性があります。また離席するときにはパソコンにロックをかけて、他の人が使用できないようにしましょう。

・読めなくしてから廃棄する

重要な書類はシュレッダーで裁断し、パソコンはハードディスクの内容を完全に消去してから廃棄するようにしましょう。CDやDVDなども処分前には裁断して読み出しができないようにします。

・重要情報の持ち出しに注意

自宅などで仕事をするために、重要な情報を社外に持ち出すのはトラブルのもと。無許可での持ち出しはもってのほかですが、許可をとって持ち出した場合でも、置き忘れや盗難には注意しましょう。万一の紛失・盗難に備えて、持ち出したデータは暗号化するといった対策も必要です。また持ち出したデータを、セキュリティ対策のはっきりしない街中のWi-Fi環境などで使用するのも控えるべき。

・私物の電子機器を許可なく持ち込まない

私物のパソコンやUSBメモリがウイルスに感染していた場合、組織内のネットワークに接続するとウイルス感染を広げ、情報が流出する可能性があります。業務に関係のないプログラムをダウンロードするのも、スパイウェアである可能性があるので避けるべきです。

・社外での会話にも注意

人の多い場所で携帯電話で仕事の打ち合わせをする、居酒屋で友人と仕事の話で盛り上がるなど、何気ない会話から重要な情報が洩れる可能性もあります。特に、社章をつけていたり、会社名の入った封筒などを持っているときは注意が必要です。

3 プライベートタイム活用術

豆知識 **マネタイズ** ネット上の無料サービスから収益を上げる（収益を事業化する）こと。アフィリエイトや課金ゲームなど。

所得税・住民税の基礎知識(2024年2月現在)

給与や賞与には所得税が、また、2年目からは前年の所得に対する住民税もかかります。税金の基本的な仕組みを知っておきましょう。

所得税

所得税とは、個人の所得にかかる税金です。所得は、利子所得、不動産所得、事業所得など全部で10分類。それぞれ差し引かれる控除額も違います。

ここでは、新入社員の皆さんに関係の深い給与所得(給与・賞与など)とその税金について解説しましょう。

▼所得税の計算方法

①第1段階　収入金額－給与所得控除額＝給与所得金額

給与所得控除とは、給与所得者の必要経費的性格のもので、収入金額により定められています。給与所得控除額を特定支出額(転任のための引っ越し費用、勤務に必要な資格取得費、単身赴任者の帰宅旅費)が超えた場合は、申告して、超える部分も控除できます。

②第2段階　給与所得金額－所得控除＝課税所得金額

所得控除には、すべての人に一律に認められている基礎控除、妻(夫)を養う人に認められている配偶者控除に加え、扶養控除、配偶者特別控除、障害者控除、寡婦控除、ひとり親控除、雑損控除、医療費控除、社会保険料控除、生命保険料控除、地震保険料控除、寄附金控除などがあります。

③第3段階　課税所得金額×税率＝算出税額

④第4段階　算出税額－税額控除＝所得税額

税額控除とは住宅ローンを利用してマイホームを購入した場合の住宅借入金等特別控除(ただし初年度は確定申告が必要)や、配当所得を有する場合の配当控除などです。また、所得税額の2.1%が復興特別所得税として上乗せされます(2037年分まで)。

▼所得税の支払い

①源泉徴収　所得税の対象は1月1日～12月31日の間の所得金額で、翌年2月16日から3月15日までに自分で税務署に申告して納めるのが原則。源泉徴収は、給与などを支払う会社が所得税を毎月の給料、賞与から天引きし、納付します。

豆知識　**ナレッジマネジメント**　個々の社員のノウハウを共有し、企業が競争力を高めるための新たな知恵を創造しようとする制度。

左余白縦書き：3　プライベートタイム活用術

②**年末調整**　源泉徴収された１年間の合計額は、昇給、年の中途における扶養親族の異動（結婚など）、生命保険料の支払いなどの理由で、正しい所得税額と一致しないのが通常です。これを調整するため、１年間の所得と控除額が確定する年末に、源泉徴収額と正しい所得税額を精算します。これが年末調整です。

　年末調整時の税金還付（所得控除、住宅借入金等特別控除などによる）は、勤務先から配付される書類に記入して請求します。

③**確定申告での還付申告**　年末調整で申告を忘れたり、医療費控除などを受ける場合は確定申告で行ないます。確定申告での還付申告は５年前の分までOK、給与所得者の場合は1月から受け付けています。

> ●**ふるさと納税**
> 生まれ育ったふるさとや応援したい自治体に寄付ができる制度。寄付金の2000円を超える部分については所得税の還付や住民税の控除が受けられます。地域の名産品などの返礼品のお得感で人気を集めていますが、寄付金の使い道を指定でき、地域貢献できるのも大きな魅力です。賢く利用しましょう。

住民税

▼**住民税の仕組み**

　主な住民税には、そこに住む個人などが各市町村条例で定められた税額を等しく負担する「均等割」と、所得の大小に応じて負担する「所得割（所得税よりも生命保険料控除、配偶者控除、基礎控除などの控除額が低い）」の２つがあります。

▼**住民税の支払い**

　会社などの勤務先が、前年１年間の本人の給与支払報告書を、本人の１月１日現在の住所地の市町村役場に提出します。市町村では、これをもとに市町村民税、都道府県税を計算。その人の勤務先に通知し、通知を受けた勤務先は、その年の６月から翌年５月まで本人の毎月の給与から特別徴収し、納税します。

　確定した前年の所得にかかる税金ですから、年末調整や確定申告はありません。

豆知識	**スロートレーニング**　動作をゆっくり行なうトレーニング法。筋力、持久力、バランス感覚を高められるという。

マネープラン

　社会人として出発した皆さんは、経済的な独立の第一歩を踏み出したといえるでしょう。人生のうちには、結婚、出産、住宅取得等々、まとまった金額を必要とすることが必ずあります。将来のために貯蓄目標をかかげ、今のうちからマネープランを進めておきましょう。

"予算生活"のすすめ ▬▬▬▬▬▬▬▬▬▬▬▬▬▬▬▬

　予算生活とは、企業を経営するように計画的に、個人の家計を運営することです。以下に予算生活の進め方を、貯蓄の方法を中心に簡単に紹介します。

▼1　会計期を決めよう

　例えば、給料日から翌月の給料日の前日までを小会計期、ボーナス支給日から次のボーナス支給日の前日までを大会計期、というように設定します。毎月の給料を「経常収入」、年に数回のボーナスなどを「特別収入」とし、それぞれに予算を立てます。

▼2　経常収入での貯蓄の比率を決めよう

　目安としては収入の10〜20％。これを以下のように分割します。

①将来の大きな支出のための貯蓄

　結婚、出産、マイホーム購入から老後の資金の他、祝い金や見舞い金などおつきあいの費用も含めておきましょう。

②万が一のための備え

　不慮の事故や病気に備え、予算を確保しておきます。

③予備費の確保

　予測していない出費に備え予備費を設けておきましょう。使わなかった予備費は次に繰り越したり、貯蓄に回したりしましょう。

▼3　特別収入での貯蓄の比率を決めよう

①将来の大きな支出のための貯蓄

　貯蓄の比率は、経常収入よりも比較的高く決めることができます（目安は収入の50％程度）。将来の予定に合わせて検討しましょう。

②予備費の確保

　自由に使える資金をある程度まとめて用意しておきましょう。予想外の出費で生じた赤字の補填（ほてん）なども考えておく必要があります。

▼4　節約できる費用、できない費用を分類しよう

浪費は大敵です。生活のビジョンをしっかり描き、節約できるものは節約するよう努めましょう。ただし、生活の基盤となる食費などを切り詰めすぎるのは好ましくありません。

▼5　無理のない計画か検討しよう

将来のためとはいえ、貯蓄を過度に多くすると日常の生活が窮屈で満足のいかないものになってしまいます。大切なことは、支出と貯蓄のバランスをうまくとることです。

▼6　積極的な投資も考える

貯蓄だけでなく、積極的な投資も考えてみましょう。年額120万円まで非課税となる「NISA（少額投資非課税制度）」、老後資金に備えた個人型確定拠出年金「iDeCo（イデコ）」、日本より金利の高い外国の金融機関に預金する「外貨預金」などがあります。ただし、投資にはリスクが伴うので慎重に検討してください。

目に見えない負債に注意

キャッシングやローンは、手元にお金や担保がなくても必要な物を購入できたり、お金が借りられるため、私たちの生活にすっかり定着しました。しかし、限度を超えると資金繰りが苦しくなり、生活がパンクする危険性をはらんでいます。欲しい物があるときはできるだけ資金を貯めてから買うように心がけ、キャッシングやローンを安易に利用しないよう注意してください。

▼ローンの返済に困ったら……

まず早期に、自分のことを考えてくれる人に相談してみましょう。効果的な解決策を見つけ出せるはずです。

また、キャッシングやローンを利用している会社の顧客窓口や公共の窓口（国民生活センター、各都道府県の消費生活センターなど）でアドバイスを受けるのもよいでしょう。

▼電子マネーやネットでの買い物にも注意

クレジットカードだけでなく、電子マネーやネットショッピングも、手元に現金がなくても買い物ができるため、つい使い過ぎてしまうことも。精算時に困らないように自己管理しましょう。

生命保険の基礎知識

　生命保険は、自分や家族の生活を守る手段です。ケガや病気など予期していなかったできごとで、まとまったお金が必要となったときのために備えておきましょう。

契約形態

　個人で契約する「個人保険」以外に、所属している企業や団体が生命保険会社と契約していれば「団体保険」や「財形保険」も利用することができます。

　財形保険は、財形制度（国による税制上の優遇措置や企業による給与天引きなどにより、サラリーマンの財産形成を支援する制度）で利用できる生命保険です。

生命保険の仕組み

　複雑そうに見える生命保険ですが基本構造はとてもシンプル。「主契約」と「特約」の組み合わせで成り立っているのです。

　「主契約」は生命保険のベースとなる部分です。これに「特約」を付加することにより、主契約の保障内容をさらに充実させることができます。

　主契約や特約には多くの種類がありますが、その名称はおおむね生命保険の各社で共通したものが使われています。ただし、仕組みや保障内容が異なる場合があるので注意しましょう。

生命保険の選び方

　自分に合った生命保険を選ぶためには、まず、どのような保障が必要かを考えることが大切です。現在と将来を見据えて、じっくりと検討してください。

　そして、それぞれの保険の種類とその機能を理解し、それらを上手に組み合わせていきましょう。組み合わせ方としては、主契約に特約をプラスする方法や、機能の異なる主契約をいくつか別々に契約する方法があります。

　また、受け取れる保険金・給付金の額や保障期間、保険料が適切かどうかのチェックも忘れないようにしましょう。

 以下に、保障の内容とそれに対応するおもな主契約、特約を紹介します。

▼病気やケガをしたときの保障
　【主契約】医療保険
　　医療費に備える保険。入院、所定の手術で給付金がある。死亡保険金も受けられるが少額。
　　（その他、ガン保険、介護保険などがある。）
　【特約】長期入院特約
　　病気や不慮の事故で長期の入院（125日以上、180日以上など）をしたとき給付金を受け取れる。
　　（その他、疾病入院特約、災害入院特約、通院特約、特定の疾病や損傷の治療に備えるものとしては女性疾病入院特約、先進医療特約などがある。）
▼死亡したときの遺族の保障
　【主契約】
　・定期保険
　　一定の期間に死亡した場合、遺族が死亡保険金を受け取れる。
　・終身保険
　　死亡した場合、遺族が死亡保険金を受け取れる。生涯、死亡保障が続く。
　　（その他、収入保障保険、養老保険、変額保険〈終身型〉、変額保険〈有期型〉、生存給付金付定期保険などがある。）
　【特約】収入保障特約（生活保障特約）
　　死亡したときから契約時に定めた満期まで遺族が年金を受け取れる。
　　（その他、定期保険特約、家族定期保険特約、生存給付金付定期保険特約、特定疾病保障特約、災害割増特約などがある。）

 契約後に「追加契約」や「特約の中途付加」などで保障内容を変更することもできます。また、子供の教育資金や老後の生活資金の準備に役立つ保険もありますので、将来はそういった保険の選択も考えるとよいでしょう。

3 プライベートタイム活用術

ボランティア活動ガイド

　ボランティア活動を通して市民活動に積極的に参加することも大切。企業として奨励するところも多くなっています。

▼ボランティア活動を始める前に

　一口にボランティアと言っても、活動内容はさまざまです。障害のある人や高齢者の手助けをしたり、子供のレクリエーションに協力したり、ゴミや空きカン拾いなど地域の草の根運動に参加したり。また緊急時の救援、難民の支援、地球環境保全運動など、グローバルな視点に立ってNGOや組織の活動に参加する方法もあります。

　希望分野のボランティア活動の目的、活動内容を知っておき、自分には何ができるか、何がしたいかを考え、予定期間や参加できる日時等をはっきりさせてから取り組みましょう。

▼災害時のボランティア活動

　大きな災害が起きたときに、現地でボランティア活動をしたいと希望する人はずいぶん多くなりました。現地では後片付けなどに猫の手も借りたい状況のはずですが、何の準備もなくいきなり現地に押しかけても、被災者の方にかえって迷惑となってしまいます。

　多くの被災地では、地元の社会福祉協議会などの手で災害ボランティアセンターが立ち上げられます。どういう支援が必要かというニーズの把握・整理や、ボランティアを希望する個人・団体の受け入れ調整、マッチングなどを行なっており、参加方法や注意点などについても教えてもらえます。

　現地に出かける前にまずはウェブサイトなどで最新の情報を確認し、災害ボランティアセンターに連絡を取りましょう。

　なお、被災地の自治体へ直接電話をすることは避けてください。

▼災害ボランティアを始めるために

災害ボランティアをお考えの方へ(全国社会福祉協議会)	検索
災害ボランティア活動の始め方(政府広報オンライン)	検索
全社協被災地支援・災害ボランティア情報	検索

▼ボランティア活動のための主な連絡先・相談先

・各都道府県の社会福祉協議会・ボランティアセンター

(東京)03-3235-1171　(愛知)052-212-5504　(大阪)06-6762-9631

ビジネスライフの健康ひと工夫

◆1　外出時はできるだけ日かげを歩こう

　朝の光は体内時計を動かし、生体リズムを整えてくれる。しかし紫外線を浴びすぎるとシミやシワが増え皮膚の老化を促進、さらに、活性酸素が増えるためガンや動脈硬化、心筋梗塞などの引き金になるという。戸外に出るときは長袖、帽子、日傘などの工夫を。特に午前10時から午後3時の間は要注意。

◆2　足に合った靴を履こう

　足には全体重がかかる。合わない靴を履いていると全身の血液の流れが悪くなり、体のあちらこちらに無理が生じてしまう。ハイヒールなどは腰への負担が大きく、腰痛や生理不順を招くことも。先が細い靴では、足が変形し手術が必要になる場合もある。ヒールの高さはせめて3～5cmで、足を靴に合わせてはいけない。

◆3　通勤電車では座らないでおこう

　朝の居眠りは脳の老化を進行させる。脳を刺激する信号は足にある「抗重力筋」から送られてくるので、できるだけ電車の中では立つように心がけ、目を覚まそう。また、立っている姿勢は背骨のカルシウムを維持するのにも効果的だ。

◆4　パソコン作業は50分に1回休憩を

　パソコン作業は、目・手・肩などに大きな負担がかかる。できれば1日4時間以下におさえたいもの。50分というのはあくまでも目安で、疲れを感じたら休憩するのがベスト。収縮した瞳孔が回復するには最低15分は必要だという。この間にストレッチ体操をしたり目薬をさしたりしておこう。

◆5　カラオケでは禁煙・禁酒

　カラオケの歌いすぎによる声帯ポリープに要注意。予防の秘訣は声帯粘膜を常に湿った状態に保つこと。アメや梅干し、レモンが粘液の分泌を助ける。乾燥した部屋やタバコの煙は大敵。飲酒も量が多いと声帯の血管が拡張し、内出血を起こしやすくなる。

3　プライベートタイム活用術

ストレスコントロール

　職場にストレスはつきもの。うまくストレスを解消して、快適な職場生活を心がけましょう。

睡眠

　ストレス解消の特効薬。毎日一定の時刻に就寝し、8時間ほどリラックスして深くぐっすり眠るのが理想です。コツとしては、

①昼間に適度な運動をして、体を適当に疲れさせる。

②空腹あるいは過度の満腹状態を避ける。

③寝室の光、音、温度、寝具などを工夫する。

④体の温まる飲み物を飲む(濃いコーヒーやお茶はダメ)。

⑤入浴で疲れと緊張をとる。

⑥眠る1時間前にはスマホやパソコンを使うのをやめる。

入浴

①イライラ続きで精神が不安定なときや就寝前→36〜38℃のぬるめのお湯に20〜30分つかると気分が落ち着いてくる。

②疲労気味のとき→43℃くらいのお湯にほんの数分つかるとよい。乳酸の血中濃度を低下させることができる。

③朝の出勤前や頭脳労働のあと→40〜42℃くらいのお湯にサッと入ると交感神経が刺激され、やる気が湧き起こる。

④ただし、熱めのお湯に急に入ると危険。シャワーやかけ湯で体を慣らしたり、徐々に温度を上げていくようにすること。

正しい食事

▼バランスのよい食事

　カルシウムが不足するとイライラしがちになります。また、タンパク質、電解質(カリウム、マグネシウムなど)、ビタミンなどが不足すると下垂体(副腎皮質系)の機能が低下し、ストレスへの抵抗力が弱くなってしまいます。心と体の健康のために、バランスのとれた食事を心がけましょう。栄養のバランスの基本は、1日30食品の摂取。毎回の食事を、植物性食品と動物性食品を取り合わせながら、主食、主菜、副菜の3群に分けて組み合わせていくのがコツです。

3 プライベートタイム活用術

主食は米・パン・めん類などの穀物、主菜は肉・魚・卵などの動物性食品、副菜は野菜などの植物性食品を選びます。

＊牛乳をプラスすれば完璧

牛乳は栄養的にオールマイティー。食事に多少の偏りがあってもカバーしてくれます。

＊丸ごと食べよう

食材は部位によって栄養の組成が違っているので、丸ごと食べればそれだけたくさんの栄養素を摂取できます。小さめの魚なら骨や内臓まで、大根なら皮や葉まで、という要領です。

▼タイミングのよい食事

朝食抜きの1日2食や夜の「ドカ食い」は肥満の原因になり、胃への負担も大きくなります。食事から就寝までは最低2時間と頭において、1日の食事の時間配分を考えましょう。また、腹八分目を心がけ、朝・昼・夜の3回きちんととるように習慣づけてください。

▼かしこい食事

＊健康食品を上手に活用

仕事に忙しい毎日が続くと、食事への気遣いがおろそかになるもの。そんなときは、足りない栄養を栄養剤やサプリメントで補うのも有益。しかし、頼ってばかりだと、かえって体調を崩すこともあります。やはり自然の食材の栄養に代わるものはありません。サプリメントは、あくまで補助として、上手に活用しましょう。

＊意外に頼れる冷凍野菜

冷凍野菜は生鮮野菜に比べると、水溶性のビタミンはやや少なめですが、その他はそれほど損失がないといいます。ゆでる手間が省ける冷凍野菜は、時間がないときなどには便利。種類も最近は豊富なので、上手に活用するとよいでしょう。

ただし、冷凍野菜は一度解凍して再び冷凍すると品質が劣化してしまうので要注意。購入時には保冷バッグを持参しましょう。

手軽にできるストレッチ

　わずかな時間で気分を一新できるストレッチ。疲労回復や仕事の能率アップにもつながります。

　ここでは、オフィスや通勤途上で手軽にできるストレッチを紹介します。

▼頭をスッキリさせる（図1）
①イスに深く腰掛ける。
②背もたれを両腕で後ろ手にかかえ、背筋を伸ばす。
③頭を後ろに倒し、首から胸にかけてをゆっくり、十分に伸ばす。その姿勢で20秒。

図1

▼腰痛を解消する（図2）
①イスに浅く腰掛けて、足を開く。
②上体をゆっくり曲げ、足首をつかんで後方をのぞき込む。そのままの姿勢で20秒。

図2

▼腕のだるさを解消する（図3）
①指先を後ろに向け、イスの脇にのせる。
②ヒジを伸ばしたまま、上体を後ろに倒し、腕の前面を伸ばして20秒。
　手のひらが離れないように注意する。

図3

▼待ち時間に疲れをとる（図4）
①両手を背中へ回す。
②背筋をまっすぐに保ったまま、片方の手でもう一方の腕を引っぱる。そのまま20秒。
③同様に反対の手でも行なう。

図4

4

ビジネスに役立つ
便利情報

● ● ● ● ● ● ● ● ● ● ● ●

知っておきたい会社用語

▼**財務諸表** 企業の経営成績と財務状態をとりまとめた会計報告書の総称。貸借対照表、損益計算書、株主資本等変動計算書、キャッシュ・フロー計算書、附属明細書などから構成される。1社ごとの会計単位で作成するのが個別財務諸表、子会社や関連会社の財務諸表を合算して作成するのが連結財務諸表。

▼**株主総会** 株式会社の最高議決機関。株主が持ち株数に応じて議決権を行使し、その会社の方針を決める会である。決算書類の承認、取締役・監査役の選任、株式配当などが主な決議事項。一方、日常の業務に関しては、株主総会をその都度開くことが現実的に難しいため、取締役による「取締役会」で決議される。

▼**監査役** 株式会社において、業務・会計が適正に執行されているかをチェックする役員。取締役に対して、業務・財産の調査権や取締役会招集請求権、違法行為差止請求権などの権限を持つ。監査役が取締役を兼務することは認められていない。

▼**アニュアルレポート** 株式を上場している企業が事業年度の終了後に作成する資料のひとつで、年次報告書とも呼ばれる。国内外の株主や投資家、金融機関などに向けて発行されるもので、財務諸表や経営戦略、株主・投資家へのメッセージなどがまとめられ、企業のインターネット上や冊子として公開される。

▼**企業コンプライアンス** 企業が法律や社内のルール、倫理を守って活動することで、法令遵守とも呼ばれる。企業の不祥事（コンプライアンス違反）が発生すると、株主や消費者、取引先からの信頼を失うことになるため、企業にはコンプライアンス体制を構築することが求められている。

▼**コーポレートガバナンス** 企業における意思決定の仕組みのこと。「企業統治」とも呼ばれ、狭義では企業の経営を監視することやそのためのシステムを指す。具体的には、社外取締役・社外監査役の導入による情報開示・監査機能の強化などがある。

▼**内部統制** 企業内で法令や定款の違反等が生じるのを防ぐためになされる自己点検や自己監視のこと。会社法は内部統制システムの構築を義務づけている。さらに金融商品取引法は上場会社に内部統制システムについての報告書作成と監査とを要求している。

▼**取締役** 株式会社の業務執行に関する意思を決定する取締役会の一員。株主総会で選任される。民法の善良な管理者としての注意義務、会社法上の忠実義務（法令、定款、株主総会の決議を遵守する義務）、自社と競合する取引や事業を避ける義務、会社との経済的取引の制限など、さまざまな義務が課せられており、これに違反すると会社・株主・第三者に対して損害賠償の責任を負う。

▼**執行役員制度** 企業において、経営上の重要な意思決定・監督の機能と、業務執行の機能を分離し、それぞれの責任と権限を明確にする制度。前者を取締役が、後者を執行役員が担当する。しかしながら、導入企業では取締役と執行役員の兼務が目立つ、執行役員のポストに見合う報酬が支払われていない、社外からのチェック機能が十分でないなどの問題点もある。

▼**ステークホルダー** 企業、行政、ＮＰＯなどの活動と関連するあらゆる利害関係者のこと。顧客、消費者、従業員、株主・投資家、取引先に加え、地域社会・地域環境、政府、行政なども含まれる。

▼**委員会設置会社** 指名委員会、監査委員会、報酬委員会の３つの委員会を設置した株式会社のこと。委員会の活動などを通じて経営の監督を行なう一方で、業務の執行を担当する役員として執行役を置いている。委員会設置会社では、業務執行は執行役に、経営の監督機能を取締役会へと分離することにより、経営を合理化し、監視機能を十分に発揮させることを目指している。

▼**CSR（企業の社会的責任）** 「Corporate Social Responsibility」の頭文字をとったもので、狭義では情報開示や説明責任、広義では企業の社会貢献活動全般を指す。企業は、事業活動を行なう中で、社会的な公正さや環境への配慮などを通じて、利害関係者に責任ある行動を取るべきだという考え方のこと。

▼**IR** Investor Relationsの略で、投資家向け広報のこと。企業が投資家に向けて、投資をするうえでの判断に必要な情報を提供し、企業活動全般の理解を深めてもらうことを目的とした活動を指す。機関投資家だけでなく、インターネットでの株式売買が可能になって急速に増加した個人投資家に向け、ホームページ上にIR専用ページを設けたり、IR説明会などを開く企業が増えている。

4 ビジネスに役立つ便利情報

よく使うビジネスカタカナ語

▼アサイン 「人員を振り分けること」「人材を確保すること」「予定に組み込むこと」など、場合に応じて様々な意味で用いる。「新規プロジェクトにアサインする」といったときには参加を表す。

▼アジェンダ 元々は「予定表」のことで、「議題」「計画」などの「やるべき事柄」を意味する。「会議のアジェンダをまとめる」「プロジェクトのアジェンダを発表する」など頻出語。

▼アテンド 「接待」のこと。「同行」の意味もあり、「お客様をアテンドする」といったときには、同行して案内をすることを表す。

▼エビデンス 「データのエビデンスを提示する」など、「根拠」「裏付け」の意味で用いる。医薬品や食品業界でよく使用される。

▼グランドデザイン 「長期的に行なわれる大規模な計画」「全体構想」のこと。「経営のグランドデザインを明確にする」のように、事業計画など壮大な図案や設計である場合をいう。

▼コンセンサス 「合意」「意見の一致」の意味。「関係各所のコンセンサスを取る」などおもに複数人の了承を得る場合に使用する。

▼サマリー 「要点」「要約」のこと。「会議のサマリー」といったときには、内容を簡潔にまとめた資料のことを指す。

▼スキーム 「計画」「仕組み」を表す。一般的に「事業スキーム」のように、頭にその仕組みにあたる単語を置いて使用する。

▼ゼロサム 「合計するとゼロになること」の意味。一方が100万円の利益を出したとき、もう一方は100万円の損失を出し、全体としてはプラスマイナスゼロになる状態のことをいう。「ゼロサム交渉」とは、どちらか一方が支配的な結果となる交渉のこと。

▼ソリューション 「最適なソリューションを提供する」など、企業が抱えている問題を「解消すること」や、その「解決策」を指す。

▼タスク 「仕事」「作業」など、課せられた職務のこと。「ルーチンタスク」など、他の語と組み合わせて使用されることもある。

▼ターム 「期間」のこと。「学術用語」の意味もあるが、「ロングターム」など、おもに「期間」の意味で用いる。

▼チャネル マーケティングでは「販売チャネル」のように流通のための「経路」や「媒体」を指すが、一般的には「取引先のチャネルを広げる」など、「つて」や「コネ」の意味で用いる。

▼**チュートリアル**　説明書やマニュアルなどの「基本操作を教える丁寧な解説」のこと。「チュートリアルを開始する」など、コンピュータソフトウェアやウェブサイト上で使用されることが多い。

▼**フィックス**　「決定」の意味。特に最終的な決定事項のこと。「会議を13時にフィックスする」など日時の取り決めにも用いる。

▼**インフルエンサー**　世間に与える影響力が大きい人物のこと。人気の高い芸能人、スポーツ選手、文化人などのほか、インターネットの普及で、ブロガー、ユーチューバーの中には、その発言がネット上で大きな影響力を持つ人物もいる。

▼**フェーズ**　「進行中の仕事やプロジェクトの段階」を表す。「第1フェーズ」や「フェーズ2」といったように、数字をつけることで作業の進行状況を示す。

▼**プロパー**　「生粋の」の意味。「プロパー社員」とは、新卒入社の社員や正社員のこと。中途入社の社員や非正規社員と区別していう。「プロパー価格」という場合には、「定価」「正規価格」を表す。

▼**プロポーザル**　「企画」「提案」のこと。「プロポーザル方式」とは、複数人に企画を提案してもらい、その中から優れた提案を行なった人を選定すること。コンペ方式が「提案そのもの」を選定するのに対し、プロポーザル方式は「提案した人」を選定する。

▼**ペンディング**　「保留」「先送り」にしている状態の意味。「ペンディング事項」という場合には、「保留されている事柄」を表す。

▼**マター**　「担当者」「担当部署」「責任者」を意味する。一般的には「○○マター」のように人名や役職の後につけて、「○○が受け持つ仕事」の意味で用いることが多い。

▼**オルタナティブ**　「代替の」「二者択一の」という意味から転じて、現在あるものに代わりうる選択肢・代替案を表す。オフィスでの就業に代わって、テレワークによる新しい働き方を「オルタナティブ・ワーキング」と言うのはその一例。

▼**ローンチ**　「新サービスをローンチする」のように、新しい商品やサービスを世に送り出すことや、その際に行なわれる顧客獲得のための戦略のこと。ウェブサイトやウェブアプリケーションを新たに公開する場合に用いることが多い。

4　ビジネスに役立つ便利情報

社会・政治

▼**LGBT** 性的少数者のうち、レズビアン（Lesbian）、ゲイ（Gay）、バイセクシュアル（Bisexual）、トランスジェンダー（Transgender）の頭文字をとった総称。2017年1月施行の厚生労働省の改正セクハラ指針では、LGBTなど性的少数者に対する職場でのセクハラ対応が明確化された。企業も福利厚生や人事評価といった社内規定整備に関する独自の指針を公表し、LGBTのための職場環境づくりに力を入れ始めている。

▼**プライマリーバランス** 国の財政収支において、社会保障や公共事業をはじめ様々な行政サービスに充てる歳出（利払いなどのための国債費を除く）から、税収・税外収入などの歳入を差し引いた額のこと。「基礎的財政収支」とも呼ばれ、必要な国の経費が税収等でまかなえているかどうかを示す指標になる。差し引きがマイナスであれば、赤字ということで国債を発行して補填することになる。

▼**インターネット選挙運動** 候補者や政党、有権者が、ホームページ、ブログ、SNS、動画中継サイトなどを利用して選挙活動を行なうこと。候補者や政党は電子メールを使って選挙運動を行なうことができるが、一般の有権者が電子メールで選挙運動を行なうことは禁止されている。また、選挙日の当日以降に特定の政党や候補者への投票を促すような書き込みをすることも、公職選挙法違反となる。

▼**ワークライフバランス** 「仕事」と「生活」の調和を図るという考え方。仕事にも、家事や育児などの生活にも満足できる生活を目指すもので、内閣府では取り組みのひとつとして"働き方を変えてみよう"を意味する「カエル！ジャパン」キャンペーンを実施。企業や国、地方公共団体が連携し、国民一人ひとりが自分の望む生き方ができる社会の実現を目指す。

▼**AIIB（アジアインフラ投資銀行）** アジア向けの国際開発金融機関。アジア地域のインフラ開発を目的とし、2015年12月に発足、2016年1月に参加国57カ国で開業した。出資金の30%近くを中国が占めるため、重要案件決定における拒否権は中国が持つ。日本・アメリカはADB（アジア開発銀行）との住み分けの不透明さなどを理由に参加を見送っている。

▼BLI　Better Life Index（よりよい暮らし指標）の略。近年、経済協力開発機構（OECD）は、GDP（国内総生産）に代わる国民の豊かさを測る指標として発表している。世界40カ国を対象に、「住宅」「収入」「雇用」「共同体」「教育」「環境」「ガバナンス」「医療」「生活の満足度」「安全」「ワークライフバランス」の11の分野を調査し、算出する。

▼デフォルト　債務不履行のこと。その中でもとくに、国債の発行者である国家が財政的に破綻し、満期に利息や元本を払えなくなるのが「国家のデフォルト」である。古くはメキシコ、ブラジル、ロシアがデフォルト危機に陥り、21世紀に入ってからもアルゼンチン、エクアドル、ギリシャなどの国々で経済破綻が起きた。2020年には、アルゼンチンが9回目のデフォルト状態に陥ったほか、レバノン、ザンビアも債務不履行に陥っている。

▼集団的自衛権　ある国家が武力攻撃を受けた際、その国家と協力関係にある第三国と共同で反撃を行なう国際法上の権利。日本は、「権利は持つものの、行使は憲法九条で禁止されている」という解釈をしてきた。これに対し安倍内閣（2014年当時）は、一定条件の下での行使は認められるとの憲法解釈の変更を閣議決定した。

▼エッセンシャルワーカー　エッセンシャルとは「必要不可欠」の意で、国民の生活に欠かせない最低限の社会インフラを維持するのに「必要不可欠な労働者」のこと。具体的には、医療・福祉、教育・保育、運輸・物流、通信、小売業、公共機関など、災害やパンデミックの緊急事態下においても、国民の生活基盤を守るために必須となる仕事に従事する人たちをいう。

▼ASEM（アジア欧州会合）　Asia-Europe Meetingの略。アジア側参加メンバーとヨーロッパ側参加メンバーの計51カ国と2機関によって構成されている。政治、経済、社会・文化等を柱に、アジアとヨーロッパ両地域の協力関係の強化を目指す。

▼ベーシックインカム　国が全国民に対して、一定金額の現金を定期的に支給する制度で、「最低所得保障」と呼ばれる。社会福祉政策の一つだが、一定の基準に基づいて世帯単位で給付される生活保護と違い、個人が対象であると同時に、地位や所得、資産、性別、年齢に関係なく、すべての人が無条件で一生涯受け取れるのが特徴。

4　ビジネスに役立つ便利情報

経済・経営

▼TOPIX　東証株価指数。東京証券取引所（東証）第一部で取引される全銘柄を対象に、1968年1月4日の時価総額を100として日々の時価総額を指数化したもの。日経平均株価とともに市場の代表的指標で、相場の動きを最も的確に表すと評価されている。

▼日銀短観　日本銀行が民間企業を対象に行なう「企業短期経済観測調査」。景気判断の材料として、企業に売上高、業況判断、在庫、雇用などについてアンケート調査を行ない、四半期ごとに発表する。業況について「良い」とみる割合から「悪い」とみる割合を差し引いたものが「業況判断指数（DI）」で、景気全体の目安として重要視される。

▼ハラール認証　ハラール（Halal）とは、アラビア語で「合法的なもの」の意味。イスラム教で禁じられている豚肉やアルコールを使わないだけでなく、食材の保管方法や調理器具など細部までイスラム教で認められたものかどうかを確認できることが求められる。イスラム圏からの訪日客が増加する中で、ハラール認証の取得を目指すホテルやレストランが増えつつある。

▼スタグフレーション　stagnation（停滞、不景気）とinflation（物価上昇）からできた合成語。景気が停滞し、失業率が高くなっているにもかかわらず物価水準が上昇し貨幣価値が下がっていく、複合的窮状が続く経済状況を表す言葉。

▼NISA　少額投資非課税制度。イギリスのISA（個人貯蓄口座）を参考に導入した制度で、上場株式や株式投資信託等の配当金や売買益等にかかる税金が非課税になる。NISA口座では年間120万円まで投資が可能で、非課税期間は最長5年間。非課税投資枠を使えば最大600万円までの投資総額が非課税になる。2024年からは「新NISA」へと制度変更される。

▼ダイバーシティ　英語の「Diversity & Inclusion」を省略したもので、「多様性の受容」を意味する。社員一人ひとりが持つさまざまな違い（性別・国籍・年齢・学歴や職歴等）を受け入れ、それぞれを価値と認めることで、多様なニーズに応えられる多様な人材を育てて、企業の競争力に活かそうという考え方のこと。

▼サブスクリプション　料金を支払うことで、コンテンツやサービ

スなどを一定期間利用する権利が得られるビジネスモデル。日本では「サブスク」とも略される。料金を支払い続けるかぎりは、原則、自由に商品やサービスを利用できる。以前は動画配信や音楽配信などデジタル領域の利用が主だったが、近年は、自動車、家具、洋服など非デジタル領域にもサービスが広まっている。

▼デジタルトランスフォーメーション（DX）　「ITの浸透が、人々の生活をあらゆる面でより良い方向に変化させる」という概念。2004年、スウェーデンのウメオ大学エリック・ストルターマン教授が提唱。ビジネス用語としては、「最新のデジタル技術を利用して、製品やサービス、ビジネスモデル、さらに組織、企業文化をも変革すること」。

▼サプライチェーン　ある製品の原材料が生産されてから、最終的に消費者に届くまでの一連のプロセスのこと。サプライチェーン全体を見ることで、どこで価値が生まれ、どこにムダがあって合理化できるかがわかり、コストの見直しやスピード化につながる。こうしたサプライチェーンの構築・運営の管理を「サプライチェーン・マネジメント」と呼ぶ。

▼iDeCo（イデコ）　個人型確定拠出年金。公的年金にプラスして給付を受けられる私的年金のひとつ。基本的に、日本在住の20歳以上60歳未満の人が任意で加入でき、月額5000円から始められる。自分で申し込み、掛金を拠出し、運用方法を選び、掛金と運用益との合計額をもとに60歳以降に受け取れる。

▼BCP　事故や災害等が発生した場合、事業をいかに復旧・継続させるかの手順等を文書化した事業継続計画（Business Continuity Plan）のこと。東日本大震災を機に重要性の認識が広がった。BCP実施のための組織構築をBCM（事業継続マネジメント）という。

▼eコマース（電子商取引）　一般に「ネット通販」などの呼称が使われる、インターネット上での電子化された商取引全般。取引の種類には、電子仕入れをはじめとした企業間の取引（B to B）、ネットショップなど、企業と消費者間での取引（B to C）、オークションサイトなどの消費者間での取引（C to C）がある。別名としては、「Electronic Commerce」の略称である「EC」が使われることもある。

4　ビジネスに役立つ便利情報

自然・環境

▼カーボンニュートラル　市民の日常生活や企業の事業活動によって排出される温室効果ガスの排出量と、温室効果ガスを吸収・除去する量を均衡させること。日本語では「炭素中立」という。日本は2050年までに、CO_2だけでなく、メタン、N_2O（一酸化二窒素）、フロンガスを含む温室効果ガスの排出ゼロの実現を目指している。

▼特定外来生物　外来生物のうち、日本の在来生物の生態系や人命・人体、農林水産業に悪影響を及ぼす恐れのある生物のこと。指定された生物は学術研究の場合を除き、輸入・販売・譲渡・飼育・栽培・運搬などが禁止され、違反すると懲役または罰金を科される。環境省は「入れない、捨てない、拡げない」という三原則を呼びかけている。

▼スマートグリッド　デジタル機器による通信能力や演算能力を活用し、電力網内での需給バランスの最適化調整や、事故などに対する抗堪性を高め、電力需給を自律的に調整する機能を持たせた電力網。省エネとコスト削減、および信頼性と透明性の向上が期待されている。

▼家庭用燃料電池　水素と酸素の化学反応を利用した小型の発電装置。発電時の熱で温水をつくるコージェネレーション（熱電併給）システムにより、エネルギーの利用効率が大幅にアップする。太陽光発電に比べ、天候に関係なく、また夜間でも安定的に発電できるなど利点が多く、政府が補助金制度を設けるなど普及を後押ししている。

▼モーダルシフト　モノや人の輸送手段を、航空機やトラック、乗用車から鉄道や船に切り替えることで、環境負荷の低減に役立てる動きのこと。欧米の都市部を中心に路面電車の敷設計画が相次ぎ、既存の鉄道でも省エネルギー・環境性能が重視される方向にある。

▼生物多様性　地球上では約3,000万種もの多様な生き物がおり、その生き物たちの豊かな個性と相互のつながりをいう。生物多様性条約では、生物多様性は、「生態系の多様性」「種の多様性」「遺伝子の多様性」という3つのレベルから成り立っているとしている。人間も生物多様性から様々な恩恵を受けている一方で、人間の活動の影響で、1年間に4万種もの生き物が絶滅しているといわれる。

▼ネガワット　企業や家庭などの電力利用者が節電により生み出した電力のこと。負を意味するネガティブと電気の単位であるワットを組み合わせた造語である。ネガワットの創出は電力の需要量を減らすことになり、発電して供給量を増やすことと同じ価値があるとみなされる。

▼プラスチックスマート　環境省が2018年10月に立ち上げたキャンペーン。世界的な海洋プラスチック問題の解決に向けて、ごみ拾いイベントへの参加やマイバッグの活用、ポイ捨て・不法投棄撲滅の運動、プラスチックの3Rなどに、個人、自治体、NGO、企業、研究機関などが連携・共同して取り組むことを目指している。

▼3R　不要になったものを再資源化する「リサイクル (Recycle)」、買いすぎを控え、ゴミを減らし廃棄物の発生を抑制する「リデュース (Reduce)」、家電や家具、容器などを修理、洗浄などして再利用する「リユース (Reuse)」の3つの頭文字。環境への負荷を軽減し、持続可能な社会を目指す世界的な指針とされている。

▼カーボンオフセット制度　市民や企業、自治体などが、二酸化炭素などの温室効果ガスの排出量を削減する努力を行なうと同時に、削減できない排出量については他の事業などでオフセット（埋め合わせ）すること。温室効果ガスの削減・吸収の取り組みに資金提供する（クレジットを用いる）ことでオフセットが行なえる。国が認証するJ-クレジット制度もそのひとつ。

▼電力・ガス小売り自由化　電力小売りの全面自由化が2016年4月から開始され、消費者は新規参入の業者や居住地域以外の電力会社からも電気を買えるようになった。それを機に異業種の新規参入が相次いでいる。2017年4月からは都市ガスの小売りも全面自由化された。電力とガスの各事業者が多様なサービスを導入し、顧客獲得競争が激化している。

▼グリーン調達　企業などが製品の原材料・部品や事業活動に必要な資材やサービスなどを、部品メーカーなどの製造業者から調達するとき、環境への負担が少ないものから優先的に選択しようとすること。具体的な例として、環境マネジメントの規格であるISO14001の認証を取得した企業から優先して調達することなど。

4　ビジネスに役立つ便利情報

情報・通信

▼**ICT** 「Information and Communication Technology」(情報通信技術) の略。「IT」(情報技術) にコミュニケーションの要素を含めたもので、インターネットをはじめとしたネットワークそのものから、それを活用したSNS上でのやりとりやメール、チャットでのコミュニケーション、ネット検索・ネット通販といったサービス・技術など、人間同士の情報や知識の共有を重要視する。その活用分野は幅広く、単にビジネスにとどまらず、教育、医療、介護・福祉などの公共分野への貢献も期待されている。

▼**ビッグデータ** 従来は短時間で収集・解析するのが難しかった、ペタ (1ペタ＝100万ギガ) バイト級の膨大な量のデータのこと。クラウドコンピューティングによりデータを蓄積し、収集・解析した結果がマーケティング等に活用されている。

▼**ウェアラブル端末** 身に着けることができる情報端末。透過型のディスプレイに情報が映し出されるメガネ型情報端末の「Google Glass」や、家電を操作したり文字を入力できる指輪型の「Ring」など、大手企業からベンチャーまで各社がさまざまな形の端末を開発。ブレスレット型で歩数や心拍数、運動量などを計測するタイプのものは、高齢者の健康管理にも役立つとされる。

▼**ICタグ** ICチップと小型のアンテナを埋め込んだ電子荷札のことで、記憶された情報を電波によって直接触れずに読み取ることができる。従来のバーコードに比べ、膨大な量の情報の記録が可能。これを商品に付けておくことで、生産・商品情報や流通経路の追跡、在庫管理の効率化がはかれる。

▼**IoT** Internet of Things (モノのインターネット) の略。情報機器だけでなく、あらゆる「モノ」をインターネットにつなげて相互に制御させる仕組み。電化製品の利用状況を確認し、一人暮らしの高齢者を見守るなどの利用方法が提案されている。

▼**サイバー攻撃** コンピュータへの侵入、データの詐取・破壊・改ざん、システムの機能不全化などを行なうこと。主に情報の不正入手を目的とし、特定の企業をねらう「標的型攻撃」が話題になった。取引先などを装ったメールを送付し、添付ファイルを開かせてウイルスに感染させる方法がとられることが多い。

▼**オープンデータ**　国や自治体などが保有する公共データが、機械判読に適したデータ形式で、なおかつ二次利用が可能な利用ルールに基づいてインターネットで公開されるもの。政府や自治体がもつオープンデータと、企業がもつビッグデータとを組み合わせることにより、新たな可能性やビジネスチャンスにつながると期待されている。

▼**eスポーツ**　エレクトロニック・スポーツの略で、コンピュータゲームによる対戦をスポーツ競技として扱う。サッカー、自転車レースのようなスポーツゲームのほか、格闘、戦略シミュレーションゲームなどがある。海外では高額賞金のかかった大会があり、そこで収入を得るプロのプレイヤーが多く存在するが、日本では賭博や景品表示法によって規制されているため、海外ほど認知されていない。

▼**オムニチャネル**　オムニは「あらゆる」という意味で、消費者の新しい消費行動に応える戦略や考え方のこと。「SNSで評判をチェック、実店舗で確認してスマホで注文、受け取りはコンビニ」というような行動に対応するため、実店舗やオンラインなどのチャネルを統合して顧客にアプローチする。

▼**O2O**　Online to Offlineの略でスマートフォンやSNS（Online）から発信される情報を実店舗（Offline）での購買活動に結びつけること。メールマガジンやクーポンの発行のほか、スマホの位置情報サービスを利用して店舗に誘導したりスマホを持って店舗を訪れるだけでポイントがたまるなど、さまざまなサービスがある。

▼**ステルスマーケティング**　ステルス（stealth）とは「隠れた、こっそりする、隠密」などの意味を持つ英語で、消費者に商品宣伝であると気づかれないように行なう宣伝行為のこと。口コミに対する消費者の信頼感を利用して、SNS上の口コミやインターネット上の電子掲示板、オンラインショップの口コミ欄などで展開されているといわれている。

▼**バーチャルリアリティ（仮想現実）**　コンピュータによって作り出された環境を、現実のように知覚させる技術。略してVRともいう。一方、現実世界に情報を付加する技術は拡張現実（AR）と呼ばれ、各種コンピュータゲームなどで使われている。

4　ビジネスに役立つ便利情報

サイエンス・テクノロジー

▼人工知能（AI）　人間と同等程度の知能を持った、複雑な処理が可能なシステムを人工的に実現させようとする技術。「ディープラーニング」と呼ばれる手法が評価され、第三次AIブームを巻き起こした。2015年10月には、Google社の人工知能「AlphaGo」がプロ棋士に勝利。そのほか、小説の生成や入試問題への挑戦などさまざまな試みがなされている。

▼ストレステスト　金融機関の経営が健全で安定した状態であるかどうかを確認するもので、健全性検査ともいう。金融市場における不測の事態に備え、危険性を予測し、回避策やポートフォリオの損失額を予測する検査である。コンピュータシステムなどの負荷検査についてもこの用語が使われる。

▼コージェネレーション　発電時に発生した排熱を利用して、冷暖房や給湯などの熱エネルギーを供給する仕組みのこと。熱電併給。従来の発電システムでは失われていた排熱を高効率で利用でき、省エネルギーや二酸化炭素（CO_2）の削減に効果がある発電方式として、地球温暖化対策のためにも注目されている。

▼ドローン　遠隔操縦や自律制御のできる無人航空機の総称。もともとは軍事用に開発されたものが、近年では商業用、娯楽用としても普及するようになった。空撮、配送、農薬散布などさまざまな分野で使われる。地表または水面から150ｍ以上の高さ、空港周辺や人口集中地区の上空では原則として飛行が禁止されている。

▼スーパーコンピュータ富岳　「京」の後継として2014年に開発に着手し、2021年に本格稼働した、理化学研究所のスーパーコンピュータ。世界のスパコンの中で、性能などで3期連続で4冠を達成。健康長寿社会の実現、防災・環境問題、エネルギー問題、産業競争力の強化、基礎科学の発展など現代社会が抱えるさまざまな課題と、科学分野における重要な問題の解決への貢献が期待されている。

▼iPS細胞　体細胞に極少数の遺伝子を導入し、体中のあらゆる細胞に分化していく能力を再び獲得させたもののこと。マウスでの作製に成功した京都大学の山中伸弥教授が2012年にノーベル生理学・医学賞を受賞。再生医療や、病気の発症機構解明の切り札として期待され、実用化へ向けた取り組みが進んでいる。

▼シンギュラリティ(技術的特異点)　人工知能(AI)が人間の能力を超える転換点のこと。急速な科学技術の発展が社会や人類に大きな変化を与える転換期であることを示し、AIは人類に豊かな未来をもたらしてくれると考えられている。一方で、人類に悲劇をもたらす可能性もあるという批判的な見方もある。

▼データサイエンティスト　インターネットやスマートフォン、各種カードの利用履歴などを通じて収集・蓄積した大量のデータを分析し、有効活用できる専門家のこと。ビジネスや社会の問題点を見つけ出し、適切な解決方法の提案を求められる。ネット時代に対応した新しいタイプの分析家で今後の需要が高い。

▼オンライン診療　スマートフォンやインターネットを利用して、医師が遠隔地にいる患者を診察する医療サービス。離島や過疎地などの医師が少ない地域で限定的に提供されてきたが、2015年に限定が解除され、2018年には診療報酬が加算されたことから、今後、導入する医療機関がさらに広がると考えられる。

▼チャットボット　「チャット(会話)」をする「ボット(bot)＝ロボット」を組み合わせた造語で、人工知能を活用した自動会話プログラムのこと。人工知能を組み込んだコンピュータが人間に代わって対話し、問い合わせ対応や注文対応などの作業を代行できる。

▼オーダーメイド医療　患者の遺伝子の違いを調べることにより、その人の体質や病状に合った薬や治療法を選ぶ診断・治療のこと。従来の治療は、がんであれば臓器別に抗がん剤を選択していたが、オーダーメイド医療では患者一人一人のがん細胞の特徴にマッチした抗がん剤を選択するため、副作用などの負担が軽減し、医療費の削減にもつながる。

▼スマートホーム　家庭内の電化製品や情報家電製品をネットワークでつないで一括管理し、それらをコントロールして快適なライフスタイルを実現する住まいのこと。エアコン、照明、テレビなどがスマートフォンやタブレット等でリモート制御できる。また、各機器の消費電力を制御して、太陽光発電システムや蓄電池などをＩＴでつなぎ、エネルギーの省力化と自給自足を進めるなどエネルギー管理に着目した場合はスマートハウスと呼ぶ。

4　ビジネスに役立つ便利情報

持続可能な社会に向けて

●国際社会共通の目標であるSDGs

SDGsは「Sustainable Development Goals（持続可能な開発目標）」の略で、2015年9月の国連サミットで採択された国際社会共通の目標です。17の大きな目標（ゴール）と、それらを達成するための具体的な169の活動（ターゲット）で構成され、2030年を目標に、「誰も取り残さない」世界の実現を目指すものです。

17の目標には、貧困や飢餓、教育、ジェンダー、衛生、エネルギー、働きがいと経済成長、不平等、気候変動など、21世紀の世界が直面している課題が包括的に取り上げられています。

●企業が取り組むSDGs

日本でも、SDGsに対して積極的に取り組む企業が増えています。人権尊重や消費者への適切な対応，環境への配慮、地域社会への貢献等々を含むCSR（企業の社会的責任）の一環として、本業を通した推進事例が多くみられます。また、世界的な傾向として、SDGsの達成に貢献しているかどうかが企業への投資の指標として重視されています。さらに、企業イメージや企業価値の向上にも重要な要素となっています。

しかし、企業だけが意識すべき問題では決してありません。一人ひとりにも密接に関わっていることを理解し、自分の会社や、その業界ではどのような取り組みをしているか、自分の仕事の中でどのような取り組みができるのか、考えてみることが大切でしょう。

●自分に身近なことから始めよう

SDGsの目標達成には政府や自治体、企業だけにとどまらず、一人ひとりができることを実践していくことが重要です。

たとえば、食材を買いすぎない、地元の食材を購入する、再生紙を使う、ペーパーレス化に努める、水・電気を節約して使う、などは、今日からでもできることです。できる人ができるところから自主的に着手しようというのが、SDGsの基本。一社会人として、SDGsの理念を共有し、目標達成に協力しましょう。

●17の目標（ゴール）

以下、17の目標（ゴール）について、アイコンとともに、「自分たちにできること」の例を紹介します。

1. 貧困をなくそう
あらゆる場所で、あらゆる形態の貧困に終止符を打つ。

できること
・フェアトレード商品を選択して購入する。
・ユニセフに寄付をする。

2. 飢餓をゼロに
飢餓に終止符を打ち、食料の安定確保と栄養状態の改善を達成するとともに、持続可能な農業を推進する。

できること
・食べ残しをしない。
・フードバンク、フードドライブなどに協力する。

3. すべての人に健康と福祉を
あらゆる年齢のすべての人々の健康的な生活を確保し、福祉を推進する。

できること
・通勤や日常生活では、できるだけ徒歩か自転車を使う。
・定期的に健康診断を受ける。

4. 質の高い教育をみんなに
すべての人に包摂的かつ公正で質の高い教育を提供し、生涯学習の機会を促進する。

できること
・途上国での学校建設に寄付をする。
・世界の教育関係機関を支援する。

5. ジェンダー平等を実現しよう
ジェンダー平等を達成し、すべての女性と女児のエンパワーメントを図る。

できること
・パートナーと家事を平等に分担する。
・セクハラを見逃さない。

6. 安全な水とトイレを世界中に
すべての人々の水と衛生へのアクセスと持続可能な管理を確保する。

できること
・日頃から節水を心がける。
・水質汚染のもとになる油などをそのまま流さない。

4 ビジネスに役立つ便利情報

7．エネルギーをみんなに そしてクリーンに

すべての人々に手ごろで信頼でき、持続可能かつ近代的なエネルギーへのアクセスを確保する。

できること
・LED電球に切り替える。
・遠方からのお取り寄せは控える。

8．働きがいも 経済成長も

すべての人々のための持続的、包括的かつ持続可能な経済成長、生産的な完全雇用およびディーセント・ワーク※を推進する。

できること
・育児休業を取得する。
・性の多様性を理解する。

※働きがいのある人間らしい仕事のこと。

9．産業と技術革新の基盤をつくろう

レジリエントなインフラを整備し、包括的で持続可能な産業化を推進するとともに、イノベーションの拡大を図る。

できること
・インフラにはどういうものがあるか、調べてみる。
・会社のイノベーションについて興味を持つ。

10．人や国の不平等をなくそう

国内および国間の不平等を是正する・差別やいじめをしない、させない。

できること
・差別やいじめにつながるツイートを安易にしない、させない。
・ヘイトスピーチに加担しない。

11．住み続けられるまちづくりを

都市と人間の居住地を包括的で安全、レジリエントかつ持続可能にする。

できること
・地域の清掃活動、防災活動に協力をする。
・災害ボランティアに参加する。

12．つくる責任 つかう責任

持続可能な消費と生産のパターンを確保する。

できること
・外出時はマイバッグやマイボトルを持参する。
・社会や環境に配慮した商品を選ぶ「エシカル消費」をする。

13．気候変動に具体的な対策を

気候変動とその影響に立ち向かうため、緊急対策を取る。

できること
・節電・節水などエコ生活に切り替える。
・自然災害にそなえた訓練を行なう。

4 ビジネスに役立つ便利情報

14. 海の豊かさを守ろう

海洋と海洋資源を持続可能な開発に向けて保全し、持続可能な形で利用する。

できること

・川や海にゴミをポイ捨てせずに持ち帰る。
・プラスチック製品は正しく処分する。

15. 陸の豊かさも守ろう

陸上生態系の保護、回復および持続可能な利用の推進、森林の持続可能な管理、砂漠化への対処、土地の劣化の阻止・回復および逆転、ならびに生物多様性の損失を阻止を図る。

できること

・山や森へ行ったら、ゴミは持ち帰る。
・外来種の生物を購入しない、捨てない。

16. 平和と公正をすべての人に

持続可能な開発に向けて平和で包摂的な社会を推進し、すべての人々に司法へのアクセスを提供するとともに、あらゆるレベルにおいて効果的で責任ある包摂的な制度を構築する。

できること

・国際的な紛争問題などに興味を持つ。
・選挙に行くなど、積極的に政治に参加する。

17. パートナーシップで目標を達成しよう

持続可能な開発に向けて実施手段を強化し、グローバル・パートナーシップを活性化する。

できること

・いかなる暴力的行為も行なわない。
・反社会的勢力に近づかない、交際をしない。
・コンプライアンスをしっかり守る。

4 ビジネスに役立つ便利情報

●5つの「P」

17の目標は5つのキーワードで考えるとわかりやすくなります。

1. People（人間）：世界中の人々が幸せになるために
  ⇒目標の1〜6
2. Prosperity（豊かさ）：地球上の誰もが豊かに暮らせるために
  ⇒目標の7〜11
3. Planet（地球）：地球環境を守るために
  ⇒目標の12〜15
4. Peace（平和）：世界が平和であるために⇒目標の16
5. Partnership（パートナーシップ）：世界が協力しあうために
  ⇒目標の17

会話編

　ちょっとした会話のなかでも、社会人として「できる！」と思われる、ワンランク上の言い回しを覚えておきましょう。

▼教えてほしいとき
・「少々伺いたいことがあるのですが」
　「ちょっと聞きたいのですが」ではやや不躾（ぶしつけ）に感じられることも。教えてもらいたい気持ちを敬意で示す。

・「ご教示いただけるとありがたいのですが」
　「教えてください」では、高圧的な印象が。相手の都合に配慮し、断ることもできるようやわらかな言い方を。

・「ご指南いただけますでしょうか」
　「どう思いますか」と丸投げするのは×。自分の意見を述べたうえで、アドバイスを求める姿勢を示すと好印象。

▼確認するとき
・「メールはご覧いただけましたでしょうか」
　「見てもらえましたか？」と聞くと、相手がまだ見てないと疑っている印象を与える。「お願いの枕詞」（右下参照）を置き、失礼がないように注意する。

・「○○はお手元に届いておりますでしょうか」
　「○○は届きましたか？」も上に同じ。相手の状況を案ずる様子を含ませることが大切。

・「○○という解釈でよろしいでしょうか」
　「○○ということですね？」では相手の説明が不十分、内容に不満があるような印象に。「こちらの理解不足かもしれませんが」と添えるなど、相手のせいではないことを伝える。

▼依頼するとき
・「ご一読いただけると幸いです」
　資料などを読んでもらいたいときの表現。「～してください」と強制するのではなく、「幸いです」と控えめに表す。

・「ご検討いただければと存じます」
　「考えてください」では、押しつけがましい印象を与えてしまう。条件を提示し、いかがでしょうかとお伺いを立てる。

・「ご引見たまわりたく存じます」
　立場が上の人に取り次いでもらい、対面させてほしいときの言葉。
　「会っていただけませんか」よりも改まった表現。

▼お願いするとき

・「ご無理を承知でお願い申し上げますが」
　相手の厳しい状況をわかったうえでお願いするときの言葉。お願いは相手への気遣いを忘れないことが大切。

・「誠に勝手なお願いで申し訳ないのですが」
　一方的なお願いをするとき、いきなり要望を伝えるのではなく、こちらの都合であることをお詫びする言葉を先に述べる。

・「なにとぞ、お力添えをたまわりたく存じます」
　「協力してください」では命令のように感じられる。相手に意思決定を委ねるなど、相手への尊重を言葉にすることが重要。

▼謝るとき

・「深くお詫び申し上げます」
　「すみません」や「申し訳ありません」ではマニュアル的に感じられ、心がこもっていないと思われる場合が。「深く」をつけることで、より丁寧なお詫びの気持ちが伝わる。

・「私の不徳のいたすところです」
　自分の力不足が引き起こした事故や失敗をお詫びするときの表現。「私の力不足です」と言うよりも反省が感じられる。

・「厳重に注意をいたす所存でございます」
　「今後は気をつけます」というときの表現。二度とくり返さないという決意が感じられ、原因と対策を明確にするとより誠意が表れる。「肝に銘じます」とも言い換えられる。

●お願いの枕詞

何か頼みごとをするとき、まずこの一言を加えると、相手も受け入れやすくなります。

・お手数をおかけしますが　・申し訳ございませんが
・差し支えなければ　・誠に申し上げにくいのですが
・恐れ入りますが　・お時間のあるときでけっこうですので

メール・文書編

　ビジネスのメールや文書は、ただかしこまって書けばいいものではありません。相手との距離感に応じた使い分けが必要です。

▼書き出しのあいさつ
　社外には「お世話になっております」が一般的だが、社内へのメールならば「お疲れ様です」「おはようございます」で始めてOK。
(よくお世話になっている人に)
　・平素は格別のご高配を賜り厚くお礼申し上げます。
　・いつもお力添えいただきありがとうございます。
(最近会った人に)
　・過日は、たいへんお世話になり感謝いたしております。
(初めて連絡する人に)
　・突然、メールを差し上げますご無礼をお許しください。
(しばらく連絡をとっていなかった人に)
　・ご無沙汰しており恐縮に存じます。

▼お礼の言葉
　・本当にありがとうございました。(親しい相手に)
　・厚く御礼申し上げます。
　・心より感謝いたしております。
　・お礼の言葉もございません。

▼お願いの言葉
　・厚かましいお願いで恐縮ですが〜
　・〜していただきたくご依頼申し上げます。
　・ご一考いただければ幸いです。
(何かを送った場合)
　・よろしくご査収くださいませ。
　・御高覧賜りますようお願い申し上げます。

▼断りの言葉
　・せっかくのご依頼ではございますが〜
　・ご希望に添えず申し訳ございません。
　・ご容赦賜りたく存じます。
　・今回は見送らせていただきたく、何卒ご了承ください。

▼催促の言葉

・○○の件、その後いかがなりましたでしょうか。

・ご回答いただけないため、見通しが立たず苦慮しております。

・至急ご一報いただきますよう、よろしくお願い申し上げます。

▼結びの言葉

・引き続きご高配のほどお願い申し上げます。

・何卒よろしくお願い申し上げます。

・お忙しい中恐縮ですが、○日までにご返信いただけますと幸いです。

・略儀ながらメールにて失礼いたします。

・何か不都合がありましたらお知らせください。(返事は不要の場合)

◆気をつけたい表現

・了解しました…「了解」は謙譲語ではないので、同僚や親しい先輩・上司には使ってもよいが、上司や取引先に対しては「承知しました」「かしこまりました」「承りました」がベター。

・取り急ぎ…軽んじた印象を与えることがあるので、社外や目上の人には避ける。「まずは拝受のご連絡まで」「ひとまずお知らせ申し上げます」など、「まずは」「ひとまず」「一旦」などを使う。

・「させていただく」…それ自体は失礼な言葉ではありませんが、多用すると読みづらいものに。「お送りさせていただきます」ではなく「お送りいたします」など、「いたします」に言い換えを。

●漢語を使うほど、かしこまった印象に

漢語（熟語）を使うと、文章の格調は高くなりますが、使いすぎると儀礼的な印象に。相手に応じてバランスを考えましょう。

例)			
いつも	→ 平素	先ほど	→ 先般
急いで	→ 早急に	いただく	→ 頂戴する
お目通し	→ ご一読	気がかり	→ 憂慮する
忘れる	→ 失念する	幸いです	→ 幸甚です
お知らせ	→ 御案内	恐れ入ります	→ 恐縮です

4 ビジネスに役立つ便利情報

テレワークの基本

　ニューノーマル時代の就業形態として、テレワークが定着しつつあります。テレワークは、「テレ（tele 離れた所）＋ワーク（work 働く）」の造語で、インターネットなどのICT（情報通信技術）を使って、自宅やサテライトオフィス、シェアオフィス、コワーキングスペースなど、会社以外の場所で仕事をすることです。リモートワーク（remote 遠隔＋ワーク）、オンラインワーク（Online 繋がり＋ワーク）とほとんど同義と考えてかまいません。通勤や移動時間の削減・短縮ができ、勤務時間が柔軟で、働く場所にとらわれないことから、育児や介護をしながら、あるいは地方などの遠隔地に居住していても働き続けられるというメリットがあります。ワークライフバランス（仕事と生活の調和）の向上にも資する働き方です。

▼基本は在宅勤務

　テレワークには次のような働き方があります。

○在宅勤務……自宅で業務を行なうもの。通勤のストレスから解放され、時間に余裕が持てる、電話応対や接客などの必要も限られるので本来の自分の業務に集中しやすいなどのメリットがある。一方、自宅内に作業場所と作業環境を整える必要がある。

○サテライトオフィス勤務……会社のサテライトオフィス、シェアオフィス、コワーキングスペースなど、会社以外の施設を利用して業務を行なうもの。移動時間を短縮でき、Wi-Fi環境や各種機器など作業環境が充実している。

○モバイル勤務……喫茶店や出先、新幹線の車中など移動中に業務を行なうもの。移動時間を有効活用できるなど業務の効率化を図れるメリットがある一方、情報管理に細心の注意が必要。

▼テレワークをするにあたっては…
○自宅以外の勤務が認められているか確認し、会社の定めに従う。
○自宅の作業環境を整える。
　　□十分な作業スペース　□WEBカメラなど装備したパソコン
　　□Wi-Fi環境　□セキュリティ対策　□騒音対策　□明るさ
○自分の所在や勤務時間・業務内容を上司・同僚に「見える化」する。
○自分で時間のマネジメントをしっかり行なう。

リモート（Web）会議への参加

　テレワークの導入に伴い、会議や打ち合わせも対面集合形式に代えて、インターネットを介したオンライン（Web）形式が、もはや普通になりました。会議や打ち合わせのために出張移動する時間も費用も軽減でき、ノートパソコン、スマートフォン、タブレットなどのモバイル機器も使用可能で場所を選ばないので、出張先からも参加できるなどのメリットがあります。

▼多彩なツール

　Web会議のツールとしては、Zoom、Calling、Microsoft Teams、Skype、Google Meet、Slack、Chatworkなどがあります。特長、接続の安定性や料金体系など、新たに導入するときはよく検討を。

▼事前準備　遅くとも開始5分前には、準備を終えておく。
・ツール・ソフトの設定のチェックとテスト。
　□カメラ（ON・OFF、角度、距離）　□マイク（ON・OFF、音量）
　□名前の表示　□背景（ぼかしなどの効果　ON・OFF）
・騒音対策……外部の騒音や家族の声をシャットアウト。
・社内で複数参加の場合は、ハウリングなどの起きないように対策する。
・背景……バーチャル背景、ぼかし機能などで映り込みを防ぐ。
・照明……表情を明るく見せる十分な照明とレフ板などの工夫を。

▼服装・身だしなみ
　基本的には会社で勤務するときと変わりありません。
①ワイシャツ、ブラウスなど仕事モードで。ラフすぎるものは禁物。
②オンラインでも気を抜かず、最低限の身だしなみを。

▼会議中の基本ルール
　対面式会議での雰囲気・空気感までは共有できません。「空気を読む」のは困難なことに留意し、明瞭な発言を心がける。
・他の人の発言中は、さえぎらず最後まで黙って聞く。
・質問や意見などがあるときは、タイミングを見て手を挙げる。
・司会者に指名されてから発言。「以上です」の言葉で発言を終える。
・発言は簡潔明瞭にまとめる。
・カメラを見ながら、ゆっくり、はっきりと話す。
・「あれ」「これ」「それ」などの指示語はなるべく使わない。

4　ビジネスに役立つ便利情報

●テレワーク時のセキュリティ対策

　テレワークで注意したいのは、情報漏洩です。会社に比べ自宅ではシステムのセキュリティが脆弱なことが多い上、サイバー攻撃も増えています。モバイル端末の厳重な管理、最新の適切なセキュリティソフトを導入する、不審なメールは削除する、フリーソフトはダウンロードしないなど、セキュリティ対策を徹底しましょう。

▼テレワークでのセキュリティのリスク

①マルウェア感染……コンピュータウイルスやランサムウェアなど悪意あるソフトウェアや悪質なプログラムは、端末のセキュリティ対策が不十分だと感染のリスクが高くなります。

②不正アクセス……本来アクセス権限のない第三者が本人になりすまし、サーバや情報システムの内部へ侵入すること。リモートデスクトップ（RDP）の利用増とともに増えています。

③端末の盗難・紛失……パソコン、スマートフォンなどのモバイル端末や、USBメモリが盗まれたり、紛失することによって、情報漏洩のリスクが高くなります。管理は徹底しましょう。

④情報の盗聴……ネットワーク上でやり取りするデータを盗み見られるケースや、端末の画面を覗き見されるケースがあります。フリーの公衆Wi-Fiは基本的に使用しない、端末には覗き見防止フィルターを貼る、不特定多数の人がいる場所では重要なファイルを扱う作業や打ち合わせはしない、などの対策をとりましょう。

●ストレスや過剰労働に注意

　基本的に自宅で一人での勤務になるテレワーク。孤立感・孤独感からストレスを溜めてしまったり、仕事のペースや上司などの評価が不安になり、つい深夜まで作業してしまうこともあるかもしれません。わからないことがあれば一人で抱え込まずに、電話やメール、チャット、リモート会議などを活用して上司や先輩・同僚に相談する、日々の報告・連絡を欠かさないなど、積極的にコミュニケーションを。

　また、自宅では、気がつくとトイレ以外は朝から座りっぱなしということも起こり得ます。運動不足・筋力低下に陥らないよう、30分～1時間ごとに5分ほどのストレッチをしたり、昼休みには戸外に出て太陽の光を浴びるなど、健康管理も怠らないことが大切です。

郵便料金

*以下の料金はすべて2024年2月現在。

●第一種郵便物（手紙）の料金

(単位 円)

重量＼種類	定形	定形外 規格内	定形外 規格外	ミニレター（郵便書簡）	速達料金
25gまで	84			63	
50gまで	94	120	200		260円を加算
100gまで		140	220		260円を加算
150gまで		210	300		260円を加算
250gまで		250	350		260円を加算
500gまで		390	510		350円を加算
1kgまで		580	710		350円を加算
2kgまで			1,040		600円を加算
4kgまで			1,350		600円を加算

●第一種郵便物（手紙）の大きさ・重さ

種別	定形 最小限	定形 最大限	定形外 規格内 最小限	定形外 規格内 最大限	定形外 規格外 最小限	定形外 規格外 最大限
長さ	14cm	23.5cm	14cm	34cm	14cm	60cm
幅	9cm	12cm	9(3)cm	25cm	9(3)cm	長さ・幅・厚さの合計が90cm
厚さ	——	1cm	——	3cm		
重量	50g以内		1kg以内		4kg以内	

※（ ）内は、円筒形かこれに似た形のものを送る場合の直径の最小限。

●第二種郵便物（はがき）の料金

(単位 円)

種類	料金	速達料金
通常はがき	63	260円を加算
往復はがき	126	260円を加算

●通常はがきの大きさ・重さ

	長さ	幅	重量
最小限	14cm	9cm	2g
最大限	15.4cm	10.7cm	6g

●ゆうメール基本料金
（単位 円）

重　量	150gまで	250gまで	500gまで	1kgまで
料　金	180	215	310	360

※34cm以内×25cm以内×3cm以内および重量1kg以内のもののみ送れます。

●レターパック
（単位 円）

種　類	レターパックライト	レターパックプラス
料　金	370	520
形状・重量	専用封筒 （340mm×248mm 厚さ3cm以内） 4kgまで	専用封筒 （340mm×248mm） 4kgまで

●ゆうパック基本料金
（単位 円）

あて先＼サイズ	60サイズ	80サイズ	100サイズ	120サイズ	140サイズ	160サイズ	170サイズ
県　内※	820	1,130	1,450	1,770	2,120	2,450	3,000
第1地帯	1,150	1,440	1,780	2,080	2,440	2,750	3,890
第2地帯	1,410	1,710	2,020	2,340	2,680	3,010	4,140
第3地帯	1,590	1,890	2,190	2,500	2,850	3,170	4,860
第4地帯	1,740	2,040	2,350	2,650	3,010	3,330	5,030

※県内とは、同一都道府県に発着するものをいいます。
　サイズは三辺（長さ・幅・厚さ）の合計（170cm以下）、重量は一律25kgまでです。
　25kgを超え30kg以下の荷物は、「重量ゆうパック」として別途料金が加算されます。
　地帯別は、都道府県により異なります（第5～11地帯は略）。
　一定条件を満たすものに適用される特別料金もあります。

●書留料金

種類	区　別	段　階	加算料金
郵便物（手紙・はがき）	現金書留 （損害要償額50万円まで）	損害要償額10,000円まで	480円
		損害要償額10,000円を超える5,000円ごとに	11円増
	一般書留 （損害要償額500万円まで）	損害要償額100,000円まで	480円
		損害要償額100,000円を超える50,000円ごとに	23円増
	簡易書留（損害要償額5万円まで）	———	350円
ゆうメール	一般書留 （損害要償額500万円まで）	損害要償額100,000円まで	420円
		損害要償額100,000円を超える50,000円ごとに	23円増
	簡易書留（損害要償額5万円まで）	———	350円

4 ビジネスに役立つ便利情報

●国際郵便物

●航空通常郵便物料金

＊以下の料金はすべて2024年2月現在。（単位　円）

種類		重量	第1地帯 中国 韓国 台湾	第2地帯 アジア （中国・韓国・ 台湾を除く）	第3地帯 オセアニア カナダ メキシコ 中近東 ヨーロッパ	第4地帯 米国 （グアム等海 外領土を含 む）	第5地帯 中南米（メキシコを 除く） アフリカ
書状	定形郵便物	25gまで		120		140	160
		50gまで		190		220	260
	定型外郵便物	50gまで		230		280	320
		100gまで		340		420	500
		250gまで		520		720	910
		500gまで		790		1260	1570
		1kgまで	1,460	1,490	2,250	2,860	3,000
		2kgまで	2,200	2,690	4,130	5,000	5,520
郵便はがき		———	世界各国あて100円均一				
小型包装物		100gまで	350	380	510	830	550
		100gを超え、 2kgまで 100gごとに	100円増	120円増	180円増	210円増	260円増

●船便通常郵便物料金

（単位　円）

重量　　種類	書　状	郵便はがき	小形包装物
25gまで	120	90	480
50gまで	190		
100gまで	320		
250gまで	590		600
500gまで	1,090		800
1kgまで	1,850		1,300
2kgまで	2,980		2,200

4　ビジネスに役立つ便利情報

新幹線運賃早見表（主要駅）

※2024年2月現在。単位は円。
上段が運賃、下段は通常期指定席特急料金）。
表中*は自由席特急料金。

4　ビジネスに役立つ便利情報

●東海道・山陽新幹線（ひかり・こだま）

	新山口	広島	新大阪	京都	名古屋	東京	
博多	2,640 3,060	5,170 3,930	9,790 5,490	10,010 5,920	11,330 7,030	14,080 8,670	博多
新山口		2,310 3,060	7,700 5,150	8,360 5,490	10,010 5,920	12,870 8,130	新山口
広島			5,720 4,700	6,600 4,700	8,580 5,490	11,880 7,030	広島
新大阪				570 *870	3,410 3,060	8,910 5,490	新大阪
京都					2,640 3,060	8,360 5,490	京都
名古屋						6,380 4,710	名古屋
						東京	駅名

●東海道・山陽・九州新幹線（のぞみ・さくら・つばめ）

駅名	東京	新横浜	名古屋	京都	新大阪	新神戸	岡山	広島	小倉	博多	熊本	
新横浜	510 2,500											新横浜
名古屋	6,380 4,920	5,720 4,920										名古屋
京都	8,360 5,810	8,030 5,470	2,640 3,270									京都
新大阪	8,910 5,810	8,580 5,810	3,410 3,270	580 2,500								新大阪
新神戸	9,460 6,030	9,130 6,030	4,070 4,360	1,110 2,720	660 2,610							新神戸
岡山	10,670 7,100	10,340 7,100	6,380 5,230	3,740 4,360	3,080 3,380	2,640 3,380						岡山
広島	11,880 7,880	11,550 7,880	8,580 6,230	6,600 5,340	5,720 5,320	5,500 5,230	3,080 3,380					広島
小倉	13,420 9,730	13,420 9,190	10,670 7,410	9,460 6,340	8,910 6,230	8,580 6,230	6,380 5,230	3,740 4,460				小倉
博多	14,080 9,730	13,750 9,730	11,330 7,980	10,010 6,770	9,790 6,230	9,460 6,230	7,480 5,890	5,170 4,460	1,170 2,610			博多
熊本	15,260 13,190	14,930 12,770	12,400 11,440	11,190 10,230	10,860 8,960	10,530 8,960	9,320 7,880	7,120 6,660	3,600 4,250	2,170 3,260		熊本
鹿児島中央	16,720 15,160	16,390 14,100	13,860 13,410	12,650 12,200	12,320 10,190	11,990 10,190	10,780 10,590	9,570 8,630	6,490 6,220	5,610 5,230	3,300 3,970	鹿児島中央

※東海道新幹線〜九州新幹線間の特急料金は、博多まで東海道・山陽新幹線〔のぞみ〕を利用した場合の特急料金と九州新幹線の特急料金を合算。

■グリーン料金（のぞみ・ひかり・こだま）

営業キロ	100キロまで	200キロまで	400キロまで	600キロまで	800キロまで	801キロ以上
グリーン料金	1,300円	2,800円	4,190円	5,400円	6,600円	7,790円

※グリーン車利用時は通常期の指定席特急料金から530円引きした額にグリーン料金を加算。

●上越新幹線
（とき・たにがわ）

	東京	上野	大宮	高崎	越後湯沢	長岡
上野	170 *880					
大宮	580 *1,090	490 *880				
高崎	1,980 3,040	1,980 2,830	1,340 2,400			
越後湯沢	3,410 3,380	3,080 3,170	3,080 3,170	1,690 2,400		
長岡	4,840 4,270	4,840 4,060	4,510 4,060	3,080 3,170	1,340 2,400	
新潟	5,720 5,040	5,720 4,830	5,500 4,830	4,070 4,060	2,310 3,170	1,170 2,400

●東北・山形新幹線
（はやて・やまびこ・なすの・つばさ）

	仙台	福島	宇都宮	上野	東京
盛岡	3,410 3,170	4,840 4,060	7,150 5,370	8,580 5,700	8,580 5,910
仙台		1,340 2,400	4,510 4,060	6,050 4,830	6,050 5,040
山形		1,520 1,660	4,510 4,300	6,050 5,190	6,050 5,400
福島			3,080 3,170	4,840 4,060	4,840 4,270
宇都宮				1,980 2,830	1,980 3,040
上野					170 *880

●北陸新幹線 （2024年3月、敦賀まで延伸）
（かがやき・はくたか・あさま・つるぎ）

	東京	上野	大宮	高崎	長野	上越妙高	富山	新高岡
金沢	7,480 6,900	7,480 6,690	7,150 6,690	6,050 6,150	4,070 5,050	3,080 3,170	990 2,400	680 *880
新高岡	6,930 6,900	6,930 6,690	6,600 6,150	5,500 6,150	3,410 4,160	2,310 3,170	330 *880	
富山	6,600 6,360	6,600 6,150	6,600 6,150	5,170 5,390	3,080 4,160	1,980 3,170		
上越妙高	5,170 4,270	5,170 4,060	4,510 4,060	3,080 3,170	990 2,400			
長野	4,070 4,270	4,070 4,060	3,410 3,170	1,980 2,400				
高崎	1,980 3,040	1,980 2,830	1,340 2,400					
大宮	580 *1,090	490 *880						
上野	170 *880							

●東北・北海道新幹線（はやぶさ）
〔はやぶさ〕は全車指定席。

	木古内	奥津軽いまべつ	新青森	盛岡	仙台	大宮	東京
大宮							580 2,610
仙台						5,720 5,150	6,050 5,360
盛岡					3,410 3,380	8,360 5,890	8,580 6,430
新青森				3,080 3,170	6,380 6,590	10,340 6,590	10,340 7,330
奥津軽いまべつ			860 2,560	3,920 4,500	7,110 6,370	10,850 7,920	10,850 8,660
木古内		1,680 2,560	2,420 3,380	5,610 6,020	8,140 7,890	11,440 9,440	11,770 10,180
新函館北斗	860 2,560	2,420 3,380	3,190 4,530	6,270 7,170	8,910 9,040	11,880 10,590	12,100 11,330

表中＊は自由席利用の場合の特定特急料金。

4 ビジネスに役立つ便利情報

単位換算表

●長さ　少数点以下の数字の取り方で多少違ってくる場合もあります。

尺	メートル	インチ	フィート	ヤード	マイル
1	0.30303	11.9303	0.994193	0.331397	0.000188
3.3	1	39.3700	3.28083	1.09361	0.000621
0.08382	0.0254	1	0.08333	0.027777	0.000015
1.00584	0.3048	12	1	0.333333	0.000189
3.01752	0.9144	36	3	1	0.000568
5310.83	1609.34	63360	5280	1760	1

●重さ

グラム	キログラム	オンス	ポンド	トン (英)	トン (米)
1	0.001	0.035273	0.002204	0.0000009	0.000001
1000	1	35.2739	2.20462	0.0009839	0.001102
28.3495	0.028349	1	0.0625	0.0000279	0.000031
453.592	0.453592	16	1	0.000446	0.0005
1016047	1016.0	35840	2240	1	1.12
907184	907.184	32000	2000	0.892857	1

●面積

坪	平方メートル	アール	平方キロメートル	エーカー	平方マイル
1	3.305785	0.033057	0.000003	0.000816	0.000001
0.3025	1	0.01	0.000001	0.000247	0.0000003
30.25	100	1	0.0001	0.024710	0.000038
302500	1000000	10000	1	247.10	0.38
1224.17	4046.85	40.4685	0.004046	1	0.001562
783471	2589975	25899.8	2.589975	640	1

●体積

立方センチメートル	立方インチ	立方フィート	ガロン(英)	ガロン(米)	ブッシェル(英)
1	0.06102	0.000035	0.00022	0.00026	0.000027
16.387	1	0.00058	0.0036	0.0042	0.00045
28317	1728	1	6.22	7.45	0.775
4546	277.26	0.1608	1	1.20026	0.1249
3785	231	0.134	0.833	1	0.104
36368	2220	1.2836	8	9.6021	1

国際単位系

●基本単位

量	単位の名称	記号	備　　考
長　さ	メートル	m	光が真空中で299,792,458分の1秒間に進む距離
質　量	キログラム	kg	国際キログラム原器による
時　間	秒	s	セシウム133 ($^{133}_{55}$Cs) の原子の振動周期にもとづいて定められた
電　流	アンペア	A	電流を通じた2本の平行導線の間に作用する力にもとづいて定められた
熱力学的温度	ケルビン	K	絶対零度から三重点までの間を273.16分の1したもの
物質量	モル	mol	0.012kgの炭素12 ($^{12}_{6}$C) の中に含まれる原子数と等しい数の要素粒子の集団
光　度	カンデラ	cd	特定周波数の単色光放射強度から定められた

●固有名を持つ組立単位(1)

量	単位	単位記号	他のSI単位による表し方	SI基本単位による表し方
周波数	ヘルツ	Hz		s^{-1}
力	ニュートン	N		$m \cdot kg \cdot s^{-2}$
圧力、応力	パスカル	Pa	N/m^2	$m^{-1} \cdot kg \cdot s^{-2}$
エネルギー, 仕事, 熱量	ジュール	J	$N \cdot m$	$m^2 \cdot kg \cdot s^{-2}$
仕事率、電力	ワット	W	J/s	$m^2 \cdot kg \cdot s^{-3}$
電気量、電荷	クーロン	C		$s \cdot A$
電圧、電位差	ボルト	V	W/A	$m^2 \cdot kg \cdot s^{-3} \cdot A^{-1}$
静電容量	ファラド	F	C/V	$m^{-2} \cdot kg^{-1} \cdot s^4 \cdot A^2$
電気抵抗	オーム	Ω	V/A	$m^2 \cdot kg \cdot s^{-3} \cdot A^{-2}$
コンダクタンス	ジーメンス	S	A/V	$m^{-2} \cdot kg^{-1} \cdot s^3 \cdot A^2$
磁束	ウェーバー	Wb	$V \cdot s$	$m^2 \cdot kg \cdot s^{-2} \cdot A^{-1}$
磁束密度	テスラ	T	Wb/m^2	$kg \cdot s^{-2} \cdot A^{-1}$
インダクタンス	ヘンリー	H	Wb/A	$m^2 \cdot kg \cdot s^{-2} \cdot A^{-2}$
光束	ルーメン	lm	$cd \cdot sr$	cd
照度	ルクス	lx	lm/m^2	$m^{-2} \cdot cd$
放射能	ベクレル	Bq		s^{-1}
吸収線量	グレイ	Gy	J/kg	$m^2 \cdot s^{-2}$
線量当量	シーベルト	Sv	J/kg	$m^2 \cdot s^{-2}$

4　ビジネスに役立つ便利情報

●固有名を持つ組立単位 (2)

量	単 位	単位記号	SI基本単位による表し方
面積	平方メートル	m²	
体積	立方メートル	m³	
密度	キログラム／立方メートル	kg/m³	
速度、速さ	メートル／秒	m/s	
加速度	メートル／(秒)²	m/s²	
角速度	ラジアン／秒	rad/s	m・m⁻¹・s⁻¹= s⁻¹
力のモーメント	ニュートン・メートル	N・m	m²・kg・s⁻²
表面張力	ニュートン／メートル	N/m	kg・s⁻²
粘度	パスカル・秒	Pa・s	m⁻¹・kg・s⁻¹
動粘度	平方メートル／秒	m²/s	
熱流密度 } 放射照度 }	ワット／平方メートル	W/m²	kg・s⁻³
熱容量 } エントロピー }	ジュール／ケルビン	J/K	m²・kg・s⁻²・K⁻¹
比熱 } 質量エントロピー }	ジュール／(キログラム・ケルビン)	J・kg⁻¹・K⁻¹	m²・s⁻²・K⁻¹
熱伝導率	ワット／(メートル・ケルビン)	W・m⁻¹・K⁻¹	m・kg・s⁻³・K⁻¹
電場の強さ	ボルト／メートル	V/m	m・kg・s⁻³・A⁻¹
電束密度 } 電気変位 }	クーロン／平方メートル	C/m²	m⁻²・s・A
誘電率	ファラド／メートル	F/m	m⁻³・kg⁻¹・s⁴・A²
電流密度	アンペア／平方メートル	A/m²	
磁場の強さ	アンペア／メートル	A/m	
透磁率	ヘンリー／メートル	N/A²	m・kg・s⁻²・A⁻²
起磁力、磁位差	アンペア	A	
モル濃度	モル／立方メートル	mol/m³	
輝度	カンデラ／平方メートル	cd/m²	

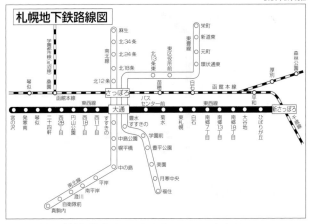

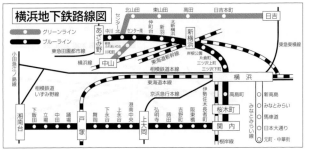

4 ビジネスに役立つ便利情報

京都地下鉄路線図

神戸地下鉄路線図

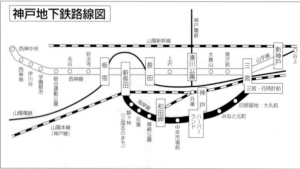

福岡地下鉄路線図

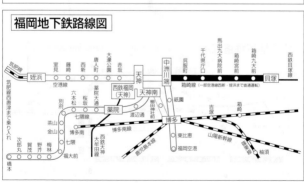

4 ビジネスに役立つ便利情報

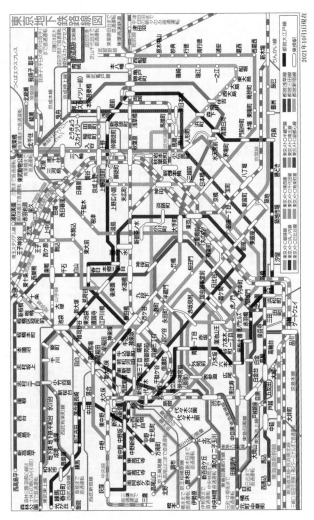

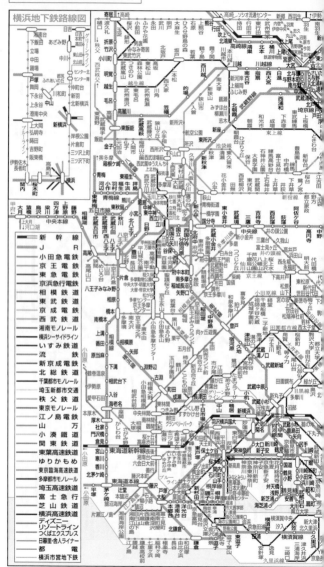

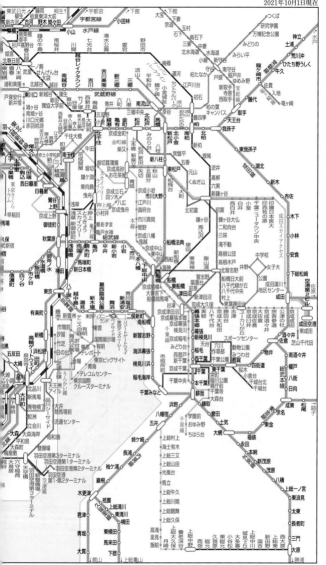

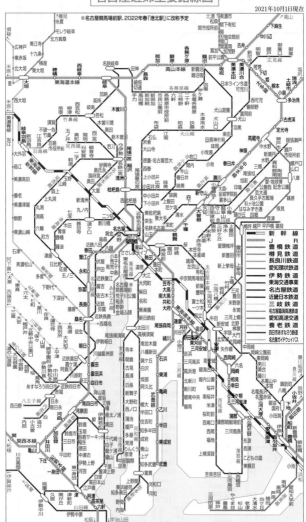

名古屋近郊主要路線図

2021年10月1日現在

※名古屋競馬場前駅、2022年春「港北駅」に改称予定

ビジネスに役立つ便利情報

4

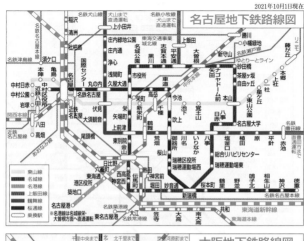

名古屋地下鉄路線図

大阪地下鉄路線図

4 ビジネスに役立つ便利情報

大阪近郊主要路線図

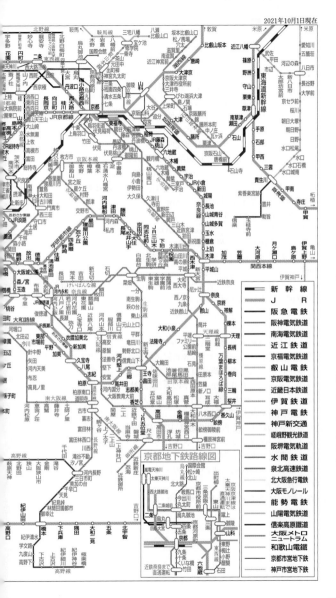

参考資料一覧

『頭にやさしい心理読本』同文書院

『おつき合いとマナーの基本』SSコミュニケーションズ

『営業社員50の基礎知識』PHP研究所

『海外ビジネスマナー入門』日本経済新聞社

『会社生活の基本常識』PHP研究所

『会社の用語がわかる辞典』PHP研究所

『かんたんQCブック』PHP研究所

『基本ビジネス・マナー集』PHP研究所

『今日から役に立つ！ 常識の「国語力」2600』西東社

『知っているようで知らないビジネス用語辞典』水王舎

『ケースと判例で学ぶ 職場のセクハラ防止ガイド』PHP研究所

『ことばづかいの基本常識』PHP研究所

『ことわざ・名言事典』創元社

『雑学科学読本 からだの不思議』KADOKAWA

『雑学なんでもBOOK』新星出版社

『時間を忘れるほど面白い雑学の本』三笠書房

『仕事上手になる本』PHP研究所

『消費生活を考える マネープランハンドブック』アコム株式会社

『情報整理の基本技術』PHP研究所

『女性社員50の基礎知識』PHP研究所

『新版 生命保険いろはにほんと』生命保険文化センター

『製造・技術社員50の基礎知識』PHP研究所

『地球の未来は明るい ボランティア＆市民活動徹底ガイド』ダイヤモンド社

『つい誰かに話したくなる雑学の本』講談社

『その場がど〜んともりあがる雑学の本』講談社

『言葉の不思議 なぜナゾ事典②』ベストセラーズ

『8ヵ国語同時会話』青年書館

『話のネタが満載！ 雑学手帳366日』PHP研究所

『ビジネス英会話キーフレーズハンドブック』SSコミュニケーションズ

『ビジネス英文レター実例集』ナツメ社

『マルチメディア時代の文書の書き方・つくり方』PHP研究所

『理科年表』丸善

『実践！コンプライアンス』PHP研究所

●プライベートメモ

NAME	
ADDRESS　〒　　−	

	TEL
	E-mail

OFFICE	
ADDRESS　〒　　−	

TEL	URL
FAX	E-mail

新入社員情報ハンドブック

2021年11月30日　第1版第1刷発行
2024年4月1日　第1版第2刷発行

編　　　者　　ＰＨＰ研究所
発　行　者　　村上雅基
発　行　所　　株式会社ＰＨＰ研究所

　　　　京都本部
　　　　〒601-8411　京都市南区西九条北ノ内町11
　　　　内容のお問い合わせは〈教育ソリューション企画部〉☎075-681-5040
　　　　購入のお問い合わせは〈普及グループ〉　　　　　　☎075-681-5419

編集協力　　株式会社ワード
印刷・製本　　図書印刷株式会社

PHP人材開発　https://hrd.php.co.jp/
新入社員教育から経営者研修まで、人材開発をトータルにサポートします。